因海生 向海行

广州市海珠区新港中路小学
海洋文化特色办学实践

/ 钟陈辉 许冬圆 唐丽娟 著 /

·广州·

版权所有　翻印必究

图书在版编目（CIP）数据

因海生，向海行：广州市海珠区新港中路小学海洋文化特色办学实践 / 钟陈辉，许冬圆，唐丽娟著. 广州：中山大学出版社，2025. 7. -- ISBN 978-7-306-08535-1

Ⅰ. G623.452

中国国家版本馆 CIP 数据核字第 2025CJ8392 号

YIN HAI SHENG, XIANG HAI XING

| 出 版 人：王天琪
| 策划编辑：张　蕊
| 责任编辑：赵琳倩
| 封面设计：周美玲
| 责任校对：王洪霞
| 责任技编：靳晓虹
| 出版发行：中山大学出版社
| 电　　话：编辑部 020-84111997，84113349，84110283，84110779，84110776
| 　　　　　发行部 020-84111998，84111981，84111160
| 地　　址：广州市新港西路 135 号
| 邮　　编：510275　传　　真：020-84036565
| 网　　址：http://www.zsup.com.cn　E-mail：zdcbs@mail.sysu.edu.cn
| 印 刷 者：广州一龙印刷有限公司
| 规　　格：787mm×1092mm 1/16　11 印张　158 千字
| 版次印次：2025 年 7 月第 1 版　2025 年 7 月第 1 次印刷
| 定　　价：45.00 元

如发现本书因印装质量影响阅读，请与出版社发行部联系调换

序　兴海强国，教育为基

在蔚蓝而广阔的海洋面前，人类的历史与未来交织成一幅壮丽的画卷。海洋，作为生命的摇篮、资源的宝库和各国贸易往来的重要通道，不仅孕育了社会经济的繁荣，更见证了国家文明的演进。党的十八大做出了建设"海洋强国"的重大部署，党的十九大、党的二十大重申并强调了"加快建设海洋强国"这一重大战略部署，这对达成全面建成小康社会的目标，进而实现中华民族伟大复兴具有重大而深远的意义。习近平总书记多次明确指出，建设海洋强国，必须进一步关心海洋、认识海洋、经略海洋。他要求我们要像爱护眼睛一样关爱海洋，为子孙后代留下一片碧海蓝天。如今，海洋成为高质量发展的战略要地，向海图强，"蓝色引擎"动力澎湃，海洋生态文明建设和构建海洋命运共同体，已成为时代的强音，海洋强国建设风帆正劲。

在此时代背景下，加强海洋教育，提升全民的海洋意识，增强全民海洋素养，已成为一项极为重要且紧迫的任务。基于我国的国情和教育实际，海洋教育的基础性作用越来越重要。如何引领海洋教育由海洋意识教育向综合海洋素养方向深化发展，进而有力地促进人与海和谐，推动海洋命运共同体宏伟目标的实现，是一个亟待解决的问题。因此，梳理总结海洋教育理论和实践探索的成功经验、做法和启示，树立一大批可借鉴、可示范的成功典型就具有长远的战略意义。

广州市海珠区新港中路小学凭借它独特的海洋文化特色办学实践，走在了我国基础教育领域中海洋教育的前列。该校不仅将海洋文化的精髓——包容、奉献、开拓等精神全面渗透在学校的管理和服务之中，还巧妙地将海洋文化元素融入日常教学，通过一系列富有创意和实效的教育活动，引导学生们知海、近海、亲海、爱海、用海、护海，培养他们的海洋基本素养。

自然资源部南海生态中心具有丰富的海洋教育资源和海洋生态科普的经验，多年来致力于与新港中路小学携手共建海洋科普基地，开展有声有色的海洋教育。学校打造了各类适合学校学生成长和符合教学环境特点的海洋教育平台，创造出有特色的海洋教育模式与成果产出方式，在不断探索与创新中积累了丰富而宝贵的经验。学校通过海洋文化装饰与视觉系统设计，营造了一种沉浸式的海洋文化氛围。在此基础上，学校开设了涉及海洋历史、生态、科技等多个领域的丰富课程，并且将海洋知识融入其他学科，实现了跨学科的知识整合，为学生们带来了多元化的学习体验。同时，学校携手海洋领域的专家，策划并组织了"海洋主题第二课堂"系列宣讲活动。这些活动通过生动有趣的海洋调查、防灾减灾等科普内容，既拓宽了学生们的知识视野，又在他们心中播下了热爱海洋、保护海洋的珍贵种子。

值得一提的是，新港中路小学在海洋教育领域所取得的骄人业绩，与我国各地海洋教育蓬勃发展的态势相辅相成。众多沿海城市和内陆城市纷纷创立海洋科普教育基地，利用这些平台向广大公众，特别是青少年群体，传授海洋知识，传播丰富的海洋文化。在此过程中，海洋科学、海洋技术、海洋经济、海洋生态、海洋文化等领域的专家以及热心于海洋科普的志愿者们汇聚成一股强大的力量，与中小学紧密携手，构建起稳固的合作关系，共同推进海洋知识与海洋文化在广大青少年群体中的广泛传播与深入普及。

这本书凝练了新港中路小学海洋素质教育的特色做法、经验和启示，体现了教育学、心理学、社会学、艺术学、海洋自然科学等多学科交融，学校教育与家庭教育互动、校内外资源有机衔接、特色活动协同联动的创新性理念，并将弘扬科学精神和科学家精神贯穿于育人教育全链条，既有深刻的理论思考，又有很强的实操性。新港中路小学的海洋文化特色办学实践，在海洋强国建设的时代背景下绽放出绚丽之花。该校的成功经验值得广泛借鉴和推广。它不仅凭借独特的办学模式,为我国中小学特色文化建设的多样性与创新性提供了范例与启示,更以它创新的教育实践,为我国中小学海洋教育开辟了新的思路和方向,注入了更多的智慧与活力。

我们完全有理由相信,在人与自然和谐共存的现代化建设征程中,将会有越来越多的学校像新港中路小学一样扬帆启航,破浪前行,勇于探索,创新实践,在海洋教育的大潮中,共同推动全社会形成关心海洋、认识海洋、经略海洋的强烈共识,为实现海洋强国战略目标贡献更多的智慧和力量。

二〇二四年冬

前 言

浩瀚无垠的蓝色疆域——海洋，不仅是生命的摇篮，更是人类文明的发源地之一。从古至今，海洋文化以其独特的魅力，深刻影响着世界各地的社会发展与文明进程。广州市海珠区新港中路小学坐落于充满生机与活力的沿海区域，自成立之初便深刻认识到海洋文化对于学校教育的深远意义与重要价值，致力于将海洋文化精髓融入其办学理念与办学实践之中，精心打造独具特色的海洋文化特色学校。

《因海生，向海行——广州市海珠区新港中路小学海洋文化特色办学实践》正是对这一探索与实践历程的全面回顾与深刻总结。全书共分七章，从"因海生"的海洋文化特色定位出发，逐步深入到"向海行"的海洋文化体系构建，再到"塑海韵""铸海魂""扬海风""聚海灵"的全方位实践探索，最终迈向"圆海梦"的宏伟发展愿景。

"因海生"深入剖析了学校教育理念与海洋文化的紧密联系，全面阐述了海洋文化如何作为一股强大力量，成为构筑学校文化特色不可或缺的重要支撑。

"向海行"聚焦于学校海洋文化的体系构建，深入挖掘海洋文化中蕴含的教育哲学，明确海洋文化的丰富内涵，并在此基础上构建了海洋文化的实践体系。

"塑海韵""铸海魂""扬海风"分别从学校环境创设、德育实践、管理创新等方面，全面展示了新港中路小学在海洋文化特色办学上的实践成果——通过视觉系统设计、班级文化环境创设等手段，营造了一种充满海洋气息的学习氛围；通过容通德育的实践与探索，培养了学生包容、开放、创新的海洋精神；通过内外部管理的优化与创新，为学校的发展注入了活力。

"聚海灵"重点介绍了海洋文化多元课程体系的构建与实践，从创新的"海洋+"融合课程到独具特色的海洋文化特色课程，每一个环节都精心设计，旨在让学生在学习的过程中深刻体验并感受海洋文化的独特韵味与无穷魅力。

"圆海梦"回顾了新港中路小学在海洋文化特色办学方面所取得的显著成果与存在的不足，并对未来的发展前景进行了展望与规划。

本书是对新港中路小学海洋文化特色办学实践的忠实记录与深度提炼，也是对海洋文化教育深远意义的一次全面探索与广泛颂扬。希望本书的出版，能够激发更多教育机构对海洋文化的重视与热情，凝聚力量，共同推动海洋文化教育事业迈向繁荣昌盛的新阶段。同时，也希望广大读者能从中汲取灵感与智慧，携手并进，为培育拥有海洋情怀、创新能力及国际视野的新时代青少年而不懈努力，共同绘制海洋文化教育的绚丽蓝图。

目 录

第一章 因海生:学校海洋文化特色的定位 …………………… 1
  第一节 海洋文化与海洋文化教育 ………………………………… 1
  第二节 海洋文化教育的内涵 ……………………………………… 7
  第三节 学校海洋文化特色定位的明确 …………………………… 17

第二章 向海行:学校海洋文化特色的理念建构 ……………… 23
  第一节 学校教育与海洋文化的融合 ……………………………… 23
  第二节 学校海洋文化特色实践体系的构建 ……………………… 34

第三章 塑海韵:容通校园海阔天高 …………………………… 52
  第一节 学校海洋文化环境创设 …………………………………… 52
  第二节 学校海洋文化环境视觉系统设计 ………………………… 56
  第三节 班级海洋文化环境创设视角 ……………………………… 80

第四章 铸海魂:容通德育海纳百川 …………………………… 88
  第一节 容通德育理念与实践 ……………………………………… 88
  第二节 容通德育网络的构建 ……………………………………… 100
  第三节 容通德育评价机制 ………………………………………… 112

第五章 扬海风:容通管理乘风破浪 …………………………… 114
  第一节 内部管理,为师生个性全面发展铺设航道 ……………… 114
  第二节 外部管理,为学校开放式发展拓宽海域 ………………… 118
  第三节 家校管理,构筑同舟共济的坚实力量 …………………… 125

第六章 聚海灵：容通课程百舸争流 …………………… 132
 第一节 海洋文化多元课程体系 ……………………… 132
 第二节 "海洋+"融合课程 …………………………… 135
 第三节 海洋文化特色课程 …………………………… 140
 第四节 海洋文化课程评价 …………………………… 148

第七章 圆海梦：学校海洋文化办学成果与发展愿景 ……… 151
 第一节 学校海洋文化办学成果 ……………………… 151
 第二节 学校海洋文化特色建设的反思与未来展望 …… 157

后 记 ……………………………………………………… 163

第一章　因海生：学校海洋文化特色的定位

海洋文化作为人类文明的瑰宝，承载着深厚的历史底蕴与无尽的探索精神。在海洋这片浩渺无垠的蓝色疆域中，我们是历史的见证者，是当下文明交流的参与者，也是未来潜能的创造者。新港中路小学海洋文化特色的定位，正是以海为魂，探寻那份与海共生、与海同频的独特育人价值。它不仅仅是关于海洋的知识与技能，更是一种精神追求、一种生活态度、一种对和谐共生的深刻理解。

第一节　海洋文化与海洋文化教育

海洋文明是一个几乎与人类文明同样古老而深厚的历史存在。早在 19 世纪，德国著名哲学家黑格尔在《历史哲学》一书中，就已经提出了"海洋文明"的概念。中华民族祖祖辈辈所居住的大地，东、南两面临海，大陆海岸线长达 1.8 万千米，大国气度开放包容，出海通商传播文明，孕育了历史悠久的海洋文化。从上古精卫填海、哪吒闹海的神话传说，到封建王朝时期海上丝绸之路的繁荣与郑和下西洋的壮举，再到现如今党中央提出的"建设海洋强国"的战略目标，无一不是中华海洋文化在历史长河中的重要体现。

一、海洋文化的形成

海洋占据了地球表面约 71% 的面积，将各个大陆联结在一起，靠近陆地的浅水域被称作海，远离陆地的深水域被称作洋，海与洋彼此连通组成统一的水体。海洋是人类生存与发展的重要资源和空间。

在人类历史的长河中，海洋一直扮演着至关重要的角色。从原始社会开始，人类便依河岸、海岸而居，以渔猎为生，不断探索和开拓新的生存空间。随着文明的进步，海洋不仅成为人类生活的重要资源，更成为连接世界的桥梁。

从石器时代开始，人类与海洋的关系逐渐加深。海洋为人类提供了丰富的渔业资源，同时也成为人类文化和宗教传说中的重要元素。人们通过海洋进行交流和贸易，逐渐形成了跨地域的文化交流和融合。

15世纪末，随着航海事业的发展，人类"发现"了美洲新大陆，这标志着人类对海洋的探索进入一个新的阶段，即大航海时代。在这一时期，欧洲的殖民者开始对非洲进行掠夺和贩奴活动，同时也在全球范围内进行殖民扩张。欧洲早期的殖民扩张不仅加剧了全球的资源争夺，也推动了全球贸易和军事争霸的进程。

18世纪中叶至19世纪，随着英国工业革命的完成和美国工业化的兴起，海洋再次成为推动全球经济发展的重要力量。海外市场的开拓和跨海贸易的繁荣，推动了海洋经济和区域经济的蓬勃发展。

20世纪50年代后，亚洲经济开始崛起。中国作为这一地区的代表性国家，充分利用其绵长的海岸线和众多世界级港口，大力发展临港工业、海洋经济，以及全球化的贸易网络，不仅推动了国内经济结构的优化升级，还成为世界经济版图中的重要一极，显著提升了国际影响力。与此同时，东南亚的一些国家和地区，如新加坡、马来西亚、泰国和印度尼西亚的部分地区，也借助其天然良港和开放的经济政策，迅速融入全球供应链体系，吸引了大量外资和技术，实现了经济的快速增长。

到了21世纪，海洋争夺进入了白热化阶段。随着全球人口的增长和资源的日益枯竭，能源、水资源和矿产资源的争夺逐渐成为全球关注的焦点。不同国家间海疆和海峡通道的纷争也愈发激烈，这些纷争不仅涉及国家的经济利益，更关系到国家的安全和稳定。在这一时期，全球化战略成为各国争夺海洋资源的重要手段，各国通过加强海洋科研、海洋军事建设和国际合作等方式，不断提升自己在海洋领域的竞争力和影响力。

对中国而言，自古以来，海洋不仅是中国与外部世界交流的重要通道，也是中华民族文化的重要组成部分，对中国的发展具有重要的战略意义，对中国历史与文化的影响亦是深刻而广泛的。

春秋战国时期，沿海地区凭借"渔盐之利，舟楫之便"逐渐繁荣，为后来的海洋探索与发展奠定了基础。秦汉时期，为了加强中央集权，统治者多次派人出海，不仅推动了海上交通的发展，促成了海上移民与汉文化的东传，还进一步加深了海洋与中华文明的交融。

从盛唐至明朝，中国的海上贸易达到了鼎盛，丝绸、瓷器、香料、药材等商品通过海上丝绸之路被源源不断地输往亚非各国，开通了连接东西方的海上航路。郑和七次下西洋，不仅展现了中国的航海实力，更体现了和平友好的大国包容气度，为后世留下了宝贵的海洋文化遗产。

然而，清朝的"闭关锁国"政策使中国错失了与世界交流的机会，导致中国社会发展长期处于停滞状态。当西方列强以"船坚炮利"打破国门时，中国才意识到"闭关锁国"的严重后果。鸦片战争后，中国开始反思并寻求变革，北洋水师的建立与洋务运动的开展便是这一努力的体现。然而，由于洋务派心胸狭隘、固步自封，这些努力最终未能挽回颓势，中国再次陷入深重的危机之中。

新中国成立后，中国政府高度重视海洋事业，并在沿海地区实施"海防前线"战略，以维护国家海洋权益。同时，中国也积极提升海洋资源开发能力，加快建设海洋强国。

自20世纪70年代末特别是改革开放以来，海洋更是成为中国改革开放的前沿、通道和窗口，为中国的发展注入了新的活力。在这一时期，"依海富国、以海强国、人海和谐、合作共赢"成为指导中国海洋事业发展的核心理念。中国凭借其绵长的海岸线、丰富的海洋资源以及众多优良港口的优势，不仅大力发展了沿海工业，还积极促进了海外贸易与海运事业的蓬勃发展，逐步跻身世界经济强国之列。与此同时，中国沿海地区的一些城市和地区，如深圳、珠海、厦门、汕头等经济特区，以及后来崛起的上海浦东新区、天津滨海新区等地区充分利用其海港开展海外商贸的便利条件，迅速成长为全球经济增长的新亮点。这些地区通过吸引外资、引进先进技术和管理经验，实现了经济的飞跃式发展，不仅带动了周边区域的繁荣，也为全国经济的快速增长贡献了重要力量。

如今，在中国加快建设海洋强国和推进高质量共建"一带一路"的过程中，海洋软实力发挥着重要的支撑作用。中国正积极参与全球海洋治理，通过共建"21世纪海上丝绸之路"促进海洋合作。这一倡议旨在通过海洋合作促进地区与世界的和平与发展，进而实现共同构建和平之海、合作之海、和谐之海的宏伟愿景。

从原始社会到现代社会，人类对海洋的探索和利用从未停止；海洋一直是连接世界的桥梁，是推动全球经济发展的重要动力。未来，随着全球人口的增长和资源的日渐枯竭，海洋的地位将更加重要，各国也将继续加强在海洋领域的竞争和合作。

海洋文化是缘于海洋而生成的文化，即人类对海洋本身的认识、利用和因海洋而创造出来的精神的、行为的、社会的和物质的文明生活内涵。海洋文化的本质，就是人类与海洋的互动关系及其产物，即以海洋为背景和舞台，人类在与海洋的互动过程中创造出来的物质财富和精神财富的总和。它涵盖了海洋历史、海洋地理、海洋生态、海洋科技、海洋艺术等多个领域，既包括海洋人文景观、海洋经济结构、海洋法规制度，也包括人类在与海洋互动的过程中产生的海洋信仰、海洋民俗。

海洋文化不仅仅是对海洋的认知和利用，更体现了人类与海洋之间的深刻互动关系以及由此产生的精神、行为、社会和物质文明，涵盖了人类对海洋的认知、探索、利用和保护等方面的思想、观念、价值和行为方式，体现了人类对海洋的敬畏、好奇和向往，同时也反映了人类与自然和谐共生的愿望和追求。

二、海洋文化教育的必要性

建设海洋强国是实现中华民族伟大复兴的重大战略任务。习近平总书记指出:"一个国家、一个民族的强盛,总是以文化兴盛为支撑的,中华民族伟大复兴需要以中华文化发展繁荣为条件。"海洋文化是建设海洋强国的内在支撑和动力。自2012年党的十八大报告提出建设海洋强国的战略目标以来,我国海洋事业取得显著进步,海洋经济持续增长,海洋科技不断创新,海防建设突飞猛进。我国正在由一个海洋大国阔步迈向海洋强国。习近平总书记还多次强调,海洋事业关系民族的生存发展、国家的兴衰安危,对于实现中华民族伟大复兴具有重大战略意义。建设海洋强国是我们共同的事业,全社会需进一步关心海洋、认识海洋,形成浓厚的海洋文化氛围,不断提升海洋意识,大力加强海洋文化建设。

海洋文化教育是人们再造海洋景观、发展海洋经济、完善海洋法规、激发海洋信仰、传承海洋民俗、传播与创新海洋文化的重要途径。海洋文化教育作为提升与彰显我国海洋软实力的重要手段之一,具有极其重要的意义。它不仅有助于增强国民的海洋意识,提升国民对海洋资源的认知与保护能力,还能促进海洋经济的可持续发展,加强国际交流与合作,从而全面提升我国的海洋软实力。

首先,海洋文化教育能够增强国民的海洋意识。国家通过普及海洋知识,传承海洋文化,可以让更多人了解海洋的广阔与深邃,认识到海洋对于国家发展的重要性。这种海洋意识的提升,有助于激发国民对海洋事业的热爱和投入,为我国海洋事业的发展提供坚实的人才保障。

其次,海洋文化教育能够提升国民对海洋资源的认知与保护能力。海洋是地球上最大的资源宝库,蕴含着丰富的生物、矿产和能源资源。通过接受海洋文化教育,人们可以更深入地了解海洋资源的分布、特性和价值,从而更加珍惜和合理利用这些资源。同时,海洋文化教育还能培养人们的环保意识,引导人们积极参与到海洋环境保护的行动中，为海洋生态的可持续发展贡献力量。

再次，海洋文化教育能够促进海洋经济的可持续发展。海洋经济是我国经济的重要组成部分，具有巨大的发展潜力和广阔的市场前景。国家通过海洋文化教育，可以培养更多具备海洋产业知识和技能的人才，推动海洋产业的创新和发展。同时，海洋文化教育还能引导人们关注海洋经济的可持续发展问题，推动海洋经济与环境保护的协调发展。

最后，海洋文化教育还能促进国际交流与合作。海洋是连接世界的桥梁和纽带，可以加强不同国家和地区之间的交流与合作。海洋文化教育能够培养人们的国际视野和跨文化交流能力，为我国在国际舞台上发挥更大作用提供有力支持。同时，推动我国与其他国家共同应对海洋领域的挑战，实现互利共赢。

总之，我们应该高度重视海洋文化教育，大力推进海洋文化教育的普及，为我国海洋事业的发展和海洋强国建设提供坚实的文化支撑和人才保障。

三、海洋文化教育发展趋势及走向

海洋教育的核心在于海洋文化教育，这一理念不仅蕴含着深厚的历史渊源，而且与近年来蓬勃兴起的海洋研学教育在精神内核上高度契合。海洋文化教育超越了单纯的知识传授，它是一种将素质培养与素养提升相结合、注重全面发展的综合性教育模式。此模式显著地体现出海洋文化教育的开拓性、开放性、科学性、实践性、人文性、过程性以及合作性等多重特征，旨在通过多维度的教育途径，培养学生面向未来、拥抱海洋的综合素质。

海洋研学教育作为海洋文化教育的重要实践领域，其核心价值体现在践行"知行合一、天人合一、人海合一"的教育理念。海洋研学教育是指青少年在教师的专业指导和辅导员的悉心帮助下，围绕海洋自然科学、海洋人文科学、海洋博物学、海洋美学与艺术、海洋传统与文化，以及海洋生产与生活实践等多个维度展开深度探索与启蒙。随后，通过自主研究与发现的过程，学生们不仅能够进行普通海洋学知识的系统学习,更能在实践中应用这些知识,学会发现问题、分析问题并尝试解决问题,从而实现知识的内化与创新。

海洋研学教育的核心在于启发兴趣教育与培养海洋意识,它鼓励青少年自主提出研究问题,并采用科学研究的方法,主动探索海洋世界的奥秘。通过对海洋科学与研学活动的主体(学生)、客体(海洋相关知识与实践活动)、手段(研究性学习方法)以及目的(提升海洋素养、培养创新能力)的深入分析,我们可以更加清晰地认识到海洋研学教育的深远意义。

结合当前教育的前沿理论,海洋文化教育与相关研学活动应进一步强调跨学科整合、情境学习、项目式学习等先进教学方法的应用,以促进学生在真实或模拟的海洋环境中进行深度学习,深化其对海洋生态系统的理解,强化其对海洋文化的认同,并增强其对海洋保护的责任感。同时,利用现代信息技术,如虚拟现实(VR)、增强现实(AR)等,为学生提供更加直观、生动的海洋学习体验,进一步激发他们的学习兴趣与探索欲望,从而更有效地推动海洋文化教育事业的健康发展,为培养具有国际视野、创新精神和实践能力的未来海洋公民贡献力量。

第二节 海洋文化教育的内涵

教育的过程,可引导人的智慧增长、知识增加。教育,旨在点燃个性,培育成熟的心智。教育的过程和目的,从来都不是单向知识的灌输、简单行为的重复,教育是综合性的、复杂的,是需要包容万象、融会贯通才能实现最终目的的未来工程。海洋文化包容万事万物,渗透、融汇多元知识,兼具精神和知识的双重属性——这与教育的本质高度契合。海洋如是,教育如是,人亦如是。在教育实践中,我们应积极汲取海洋文化的精髓,在教育中传递有容乃大的精神力量,在教授中使知识技能融会贯通,培养有胸襟、有个性、敢拼搏、可持续成长的人。海洋文化作为一种独特的文化形态，其"有容乃大"的精神属性和"四通八达"的知识属性为教育提供了宝贵的启示。

一、海洋文化蕴含的教育哲学

海洋有容量、有气度，包容万象，联通陆地、通达四方，为人类构筑了广阔天地。它兼具精神属性和知识属性，蕴含丰富的教育内涵。

（一）海洋文化具有精神属性：有容乃大

"海纳百川，有容乃大。"海洋因为宽广，才得以容纳成百上千的河流。海洋文化汇聚了来自不同地域、不同民族、不同文化的思想和观念，形成了丰富多彩、多元共存的文化格局，包容、兼容与从容性是海洋文化的具体特征。

1. 包容——海洋文化具有开放包容性

海洋之水全球联通，不分边界，四通八达、包罗万象，容纳全世界所有的河流，因此成就了海洋文化宽广的胸襟、广阔的眼界、雄浑的气魄、水利万物的慈母心怀。广阔的海洋以包容万物的开放心态，成为地球物种生存发展的厚重依托。海洋的广阔和一望无际，激发人类的好奇心和探索欲望，这种对于未知的渴望和追求，对于万物的开放、包容和接纳，正是教育中的关键动力。它激励着人们不断超越自我，挑战未知，追求真理和智慧。

2. 兼容——海洋文化具有多元差异性

海洋不但有大一统的包容胸怀，更有多样化、差异化的文化个性。截至2025年初，世界海洋物种目录（World Register of Marine Species，WoRMS）名单上的物种数量有24.8万，矿藏更是数不胜数，海水中的液体矿床、海底富集的固体矿床，以及从海底内部滚滚而来的油气资源等，使海洋像个"聚宝盆"。各类生物相互依存，形成丰富多彩的海洋世界，孕育出多元的人类文明。这种兼容与和谐的精神在教育中同样重要，它教育人们要尊重差异，理解多元文化，追求社会和谐与共生。

3. 从容——海洋文化具有开拓进取性

人类的特性之一，就是对未知世界永远抱有探求与渴望。海洋潮涨潮落，浪奔浪流，循环往复，活力无穷。从小舟出海到航母遨游，从渔盐之利到海上丝路，人类从容不迫、循序渐进、乘风破浪、勇往直前，征服大海、扬帆起航，实现着伟大的梦想。海洋文化中这些开拓进取的冒险精神、自由精神、探索精神等精神内涵，对于培养人的品格和素质具有重要意义。这些精神内涵可以激发人们的勇气和决心，培养坚韧不拔、敢于创新的品质。

(二) 海洋文化具有知识属性：四通八达

海洋不仅蕴含着丰富的精神内涵，还蕴藏着相互渗透、融汇多元的知识内容，如人文知识、科技知识和生命知识，这些知识不仅塑造了独特的海洋文明，也为人类社会的发展和进步提供了宝贵的资源。

1. 人文知识

海洋文化中的人文知识主要体现在对海洋历史、海洋民俗、海洋文学艺术等方面的探索和传承。

海洋历史：海洋是人类文明的重要发源地之一，海洋历史记录了人类探索海洋、征服海洋的壮丽篇章。从古代的海上丝绸之路，到近代的海洋探险和殖民扩张，再到现代的海洋资源开发；从"靠海吃海"的滨海文明、"渔盐之利"的用海文明，到"舟楫之便"的商业文明、"海上丝路"的工业文明，再到"大国崛起"的近代文明、"耕海种洋"的海土文明，海洋历史见证了人类文明的进步和变迁。

海洋民俗：沿海地区的民俗文化与海洋息息相关，形成了独特的海洋民俗文化。海洋民俗文化包括与海洋相关的传统习俗、信仰、仪式等文化元素和现象，如对海神和龙王等海洋神灵的崇拜、各种与海洋相关的传统节日庆典、独特的海洋饮食习俗、富含海洋元素的语言和方言、适应海洋环境的建筑风格，以及与海洋相关的体育活动和传统仪式。这些文化元素是沿海地区人们在长期的生产、生活实践中形成和发展起来的，它们不仅反映了沿海地区人民的生活状态，也反映了人们对海洋的依赖、敬畏和感恩，以及对海洋环境的尊重和保护，构成了沿海地区丰富多彩的文化景观。

海洋文学艺术：海洋为艺术家提供了无尽的创作灵感，海洋艺术涵盖了绘画、音乐、文学等多个领域。艺术家们通过描绘海洋的美丽景色、表现海洋生物的生动形态、讲述海洋故事等方式，展现海洋的魅力和神秘。如诗人们用"长风破浪会有时，直挂云帆济沧海""海上生明月，天涯共此时"描绘了海洋的广阔、深邃以及海洋所承载的情感和象征意义，表达了对人生的思考和追求。如文学作品《老人与海》《海的女儿》《海底两万里》等以海洋为背景或主题，通过不同的故事和人物，展现了海洋的多个方面，包括其作为生活来源的重要性、作为情感寄托的神秘性和作为探索对象的未知性。同时，艺术家们也探讨了人类与海洋之间的关系，以及我们应该如何尊重和保护这一珍贵的自然资源。在绘画方面，如伦勃朗在《加利利海上的风暴》中借用海洋的元素来表达宗教主题和人物情感，展现了基督的坚定和信徒们的信仰，同时也体现了他自己对上帝的敬畏；莫奈在《日出·印象》中通过独特的印象派技法，描绘了晨雾笼罩中的日出港口景象，将海洋的宁静与晨光的柔美融为一体，用美妙的光的变幻与运动展现迷人景色，营造出一种梦幻般的氛围。在音乐方面，如名曲《日光海岸》《海边的星空》《深海的孤独》等，通过不同的音乐风格和表现手法，从不同的角度描绘了海洋的美丽。无论是宁静的海滩、神秘的海底、浪漫的星空还是孤独的深海，它们都以音乐的形式让我们感受到海洋的美丽和魅力。

2. 科技知识

海洋中的科技知识涵盖多个领域，包括海底勘探及深潜、海洋开发利用以及航海技术和船只建造技术等。海洋科技知识的应用不仅推动了海洋资源的开发、海洋经济的发展和海洋环境的保护，还促进了海洋科学研究的深入发展、国家的战略安全与国防建设,以及人类文化交流和探索精神的传承与发展。加强海洋科技的研究和应用对于人类社会的可持续发展具有重要意义。

海洋探索:人类对海洋的探索几乎与人类的发展同行,但真正的大规模海洋探索开始于15世纪。随着科技的发展,人类利用船只、潜水器、卫星等工具,对海洋进行了更为深入的探索,发现了许多未知的海域和生物资源。

海洋资源开发:海洋资源是人类发展的重要支撑,包括渔业资源、矿产资源、能源资源等。随着科技的进步,人类已经能够利用先进的捕捞技术、开采技术、钻探技术等手段,对海洋资源进行高效、可持续的开发利用。

海洋环境保护:海洋环境保护是海洋科技知识的重要组成部分。随着人类对海洋资源的过度开发和利用,海洋环境面临着严重的污染和破坏。为了保护海洋生态环境,科学家们研发了多种环保技术和设备,如污水处理技术、油污回收技术、海洋垃圾清理技术等。

3. 生命知识

海洋文化中的生命知识广泛而丰富,涵盖了海洋生物、海洋生态,以及人类与海洋的互动关系等多个方面。

(1)海洋生物。海洋生物是指海洋里有生命的物种,包括海洋动物、海洋植物、微生物及病毒等。其中,海洋动物又包括无脊椎动物和脊椎动物,如螺类、贝类、鱼类等。这些生物在海洋中形成了复杂的生态系统,为人类提供了丰富的资源。

(2)海洋生态。海洋生态系统是地球上最重要的生态系统之一,它包括从微小的浮游生物到巨大的蓝鲸,以及它们所生活的环境。浮游生物是海洋生态系统的基础,为其他海洋生物提供食物。海洋中的浮游植物通过光合作用吸收大量的二氧化碳,能有效减缓全球变暖的速度。同时,海洋也是地球上最大的热量储存器,其通过海洋环流将热量输送到地球的各个角落,从而调节全球气候。

(3)人类与海洋的互动关系。人类与海洋的互动关系源远流长，海洋文化是人类文化的重要组成部分。海洋为人类提供了丰富的资源，如渔业资源、矿产资源等，同时也为人类提供了休闲、娱乐的场所。然而，随着人类活动的不断增加，海洋也受到了严重的污染和破坏，出现如生态退化、海洋酸化等问题。因此，我们需要加强对海洋的保护和管理，确保海洋生态系统的可持续发展。

二、海洋文化精神属性的教育追求

"有容乃大"是海洋文化深邃而博大的精神属性，海洋以其浩瀚的胸怀，无声地展示着这种精神力量：每当太阳升起，金色的光芒洒在波光粼粼的海面上，海洋就仿佛是一位智者，静静地敞开胸怀，接纳着来自天地的馈赠。无论是风的轻拂，还是雨的洗礼，海洋都毫不抗拒，以开放豁达的心态包容着一切。海洋的这种精神属性，教会了我们一种从容自信的生活态度。它告诉我们，只有拥有宽广的胸襟和胆识，才能勇敢地面对生活中的种种挑战。当我们学会像海洋一样，以开放的心态接纳、包容万事万物时，我们的内心也会变得无比强大，无论遇到什么困难，都能从容不迫、自信满满。

海洋文化的这种精神属性落实到教育中，具体体现为"心有容量"。"心有容量"意味着一个人心胸宽广，拥有包容豁达的心态，能够接纳不同的观点、文化，理解和同情他人处境；同时能够在面对挑战和困难时保持冷静和理智，展现成熟与智慧。

教育的根本目标是培养德才兼备、学以致用的人才。我们从海洋身上汲取这种"有容乃大"的精神力量，将它融入教育实践中，培养学生有容乃大的心胸眼界，使学生成为"心有容量"的人，以开放豁达的心态接纳、包容万事万物，拥有从容自信的胸襟、胆识和勇气。也只有这样，学生才能在未来的人生道路上越走越远，成为真正的勇者。

（一）包容——宽容、容纳

在培养学生的过程中，我们始终注重培养其开放包容的品质，这是造就未来社会栋梁的重要基石。海洋文化启示我们要教育学生学会"包容外界",不仅要有宽广的胸怀去理解和接纳不同的观点和文化,更要有融合世界的勇气和智慧。在教育实践中,我们引导学生通过坦诚合作、与人为善,建立起积极的人际关系,让他们学会在多元的社会中与他人和谐共处。

我们也注重培养学生"包容自己"的能力,即在教育实践中鼓励他们勇敢地面对自己的不足,学会悦纳自己。每个学生都是独一无二的,他们都有自己的优点和潜力。我们引导学生发现自己的美好,鼓励他们勇敢地追求梦想,成为最好的自己。

包容的品质不仅影响着学生的人际关系,更塑造着他们的内心世界。一个能够包容自己和他人的人,往往能够拥有更加宽广的视野和更加深厚的内涵,并且能够以开放的心态去面对世界的复杂和多变,以包容的心态去接纳生活的喜怒哀乐。

在教育实践中,我们致力于在学生的心中播下包容的种子,让他们在未来的道路上茁壮成长,成为社会的中坚力量。我们相信,只有具备这种品质的人,才能够在复杂多变的世界中立足,实现自己的人生价值。

(二)兼容——接纳、和而不同

在计算机领域,"兼容"通常指的是硬件或软件之间能够相互协作、无障碍地运行。这种协作可以是直接的(如两个硬件之间的物理连接),也可以是间接的(如不同操作系统之间的软件兼容)。

而在人的成长和发展过程中,兼容则更多地体现为一种心智上的开放和包容。这种兼容不仅意味着人能够接纳不同的知识、思想和元素,更重要的是能够将这些外来的元素与自己的已有经验和知识体系进行融合,从而形成属于自己的独特见解和个性化观点。具体来说,兼容品质在人的成长中体现为以下四个方面。

(1)接纳多样性。一个具有兼容思维的人愿意接触和了解各种不同的知识、思想和人群。他们不会固守己见,而是保持一种开放的心态，愿意倾听和学习。

（2）和而不同。在接纳多样性的基础上，具有兼容思维的人能够保持自己的独立性和个性。他们不会盲目地追求一致或趋同，而是能够在尊重差异的基础上寻求共同点，实现和谐共处。

（3）整合内化。具有兼容思维的人具备将不同元素整合内化的能力。他们能够将所接触到的新知识、新思想与自己已有的知识体系进行融合，形成更为丰富和多元的认知结构。

（4）创新发展。在整合内化的基础上，具有兼容思维的人能够产生新的想法和观点，持续推动思维与行为方式的革新，实现个人的创新与成长。

兼容作为一种心智上的开放和包容，对于人的成长和发展具有重要意义。它能够帮助我们更好地适应复杂多变的环境，实现自我超越和不断进步。将海洋文化的这种精神属性融入教育实践，不仅能够帮助学生学习海洋文化知识，还能够培养他们开放、合作、创新等兼容品质，为推动他们成为具有社会责任感和全球视野的公民打下坚实的基础。

（三）从容——自信、镇定、有分寸

"从容"源于自信、镇定以及有分寸的处事态度。在变化莫测的世界中，一个人如果拥有从容的心态，就能够在面对挑战和困难时保持冷静，有条不紊地应对各种情况。

世界唯一不变的就是变化本身。对于新世纪的学生来说，他们所处的环境比以往任何时候都更加复杂和多变。科技的飞速发展、信息的爆炸式增长、社会的深刻变革，都给他们带来了前所未有的挑战。然而，这些挑战也为学生提供了更多的机遇和可能性。我们要做的就是培养他们从容应变的能力。

要培养学生从容应变的能力，学校需要注重构造学生的多元知识体系与综合能力基础。只有拥有丰富的知识储备和全面的能力素质，他们才能在面对变化时保持镇定和自信。同时，他们还需要学会在复杂的环境中保持有分寸的处事态度，明确自己的目

标和方向，不被外界干扰。

除了知识积累和能力培养外，学校还需要注重培养学生随机应变的能力。他们需要学会在面对挑战和困难时保持冷静和乐观，积极寻找解决问题的方法。同时，他们还需要学会调整自己的心态，始终保持一种平和、从容的心态，以应对不断变化的世界。

从容是一种非常重要的品质，它能够帮助我们在快速变化的世界中保持镇定和自信。对于新世纪的学生来说，只有注重知识和能力的积累，同时提升自己的心理素质，才能在未来的人生道路上从容不迫地前行。

三、海洋文化知识属性的教育实践

"志通四海"是一个汉语成语，用来形容一个人的志向远大，胸怀宽广，能够超越地域限制，影响和触及四面八方，寓意着有远大抱负和广阔视野的人能够实现其理想和目标，对世界产生广泛而深远的影响。教育提倡多元综合、因材施教。海洋文化以其开放和包容的特性，被赋予了"四通八达"的知识属性。学校教育从海洋文化的知识属性中提取精神内核，并以此为引领，将海洋文化的知识属性融入教育实践，培养学生开拓创新的精神，引领学生追求综合多元的通才通识，并将之融会贯通地应用于多元世界，打开综合实力持续提升的通道，成为志通四海的人。

（一）包容之心——沟通，通情达理

"通情达理"是指一个人能够理解并尊重他人的感受和观点，同时具备理性分析和处理问题的能力，表现出成熟、包容和智慧的人际交往态度。因为包容，因为豁达，人才能通情达理，才能心胸开阔，才能顺畅高效地沟通。仁者爱人，品行高尚。

包容是沟通的基础，是人际关系中不可或缺的品质。当我们以包容的心态去理解和接纳他人时，我们更容易共情，从而建立起顺畅高效的沟通纽带。因为包容能使我们接受不同的观点、意见和文化背景，这种宽广的心胸使我们能够跨越隔阂，理解他人

的立场和感受，从而避免误解和冲突。包容的心态让我们在沟通中变得更加开放和灵活，能够更好地适应不同的环境和人群。

豁达也是包容的一种体现。豁达的人能够坦然面对自己的不足和错误，也能够理解他人的不完美。他们不会过于纠结细节，而是能够抓住问题的本质，以更加宽广的视角去看待事物。这种豁达的心态使我们在沟通中变得通情达理，能够从容不迫地应对各种复杂情况。

如果我们具备了包容和豁达的心态，我们便能更加通情达理。在沟通中，我们便能够站在对方的角度思考问题，理解他们的需求和期望。我们懂得倾听，也懂得表达，能够用合适的方式传递信息，同时也能够准确地接收他人的反馈。这种通情达理的能力使得我们的沟通更加顺畅和高效。

仁者爱人，这种高尚的品行是通情达理的结果。一个具有包容心态和通情达理品质的人，必然是一个充满爱心、拥有同理心的人。他们懂得关心他人、尊重他人、帮助他人，以仁爱的心态去对待周围的人。这种仁爱的品质使得他们在沟通中更加具有亲和力和影响力，能够赢得他人的信任和尊重。

将海洋文化的知识属性融入教育实践，我们可以以海洋人文知识、海洋文学艺术等课程为载体和切入口，通过知识和人文的润养，在潜移默化中培养学生包容、豁达的心态，帮助学生树立通情达理的良好品德。

（二）兼容之学——贯通，通才达识

"通才达识"是指一个人不仅具有广泛的知识和多方面的才能，而且能够深刻理解事物的本质，洞察事物发展的规律，具有丰富的见识和准确的判断力，能够在不同领域和情境中灵活运用知识和智慧，做出明智的决策和行动。因为兼容，因为多元，人才能获得多方面的力量，才能成为通才、学到通识，才能融会贯通，成为一个一专多能、全面发展的"T"型人才。

新时代科技的飞速发展使各种知识领域相互交融，呈现出兼容并蓄的特性。这种兼容性不仅推动了科技的多元化发展，也为我们提供了广阔的学习空间。科技知识通过提供丰富的信息资源、高效的学习工具和创新的学习方法，帮助学生拓宽知识视野，培养跨学科思维，激发创新意识和提高解决问题的能力，从而推动他们成为具有广泛知识基础、深刻洞察力和高度适应性的通才达识。同时，通过对科技知识的广泛涉猎和深入钻研，"通才们"能够站在更高的角度看待问题，从而具备更全面的素养和更深刻的洞察力。

（三）从容之行——宽容，通时达变

懂得变通，从容地行动，这是海洋文化给予我们的另一个启示。"通时达变"是指一个人能够根据时代的变化和社会的发展，灵活调整自己的思想、行为和策略，以适应不断变化的环境和条件。这种能力体现了一个人的智慧、洞察力和适应力，使他们能够在复杂多变的世界中保持竞争力和影响力。因为从容，因为自信，人才能在面对变化时与时俱进、懂得权衡变通，找到最适合自己的方式、方法，在时代中成长，于拼搏中前行。

在快速变化的世界中，我们需要具备通时达变、与时俱进的能力，以适应不断变化的环境和挑战。生命知识通过强调成长性、发展性以及拼搏精神和一往无前的勇气，激励个体不断追求自我实现、适应变化、健康生活，并倡导终身学习，以积极的态度面对生活的挑战和变化。将海洋文化的知识属性融入教育实践，强调培养学生从容变通的能力，能够使他们在面对未知和变化时，保持冷静和灵活，寻找最佳的解决方案。

第三节　学校海洋文化特色定位的明确

文化建设是学校内涵式发展的内在诉求，它能够为学校发展成为具有特色的、优质的学校构筑坚实基础。学校文化是一所学校在长期的教育教学实践中积累、沉淀而成的，是学校全体成员所共同遵循的价值观念、行为准则等，这些元素共同组合，呈现出一所学校的精神面貌。而学校文化特色是学校文化形成过程中通过实践探索和科学研究凝练而成的文化特质和精神风貌。课程是学校育人的载体，其建设与实践既源于学校教育实际，又服务于学校教育目标的实现。课程实践是学校教育活动的重要组成部分，也是学校文化特色得以体现的重要途径。课程实践通过课程内容的选择、教学方法的应用以及评价方式的设定等过程，可以培养学生特定的价值观和行为习惯，从而塑造和影响学校文化。在长期开展的海洋文化特色课程实践中，新港中路小学逐渐明确了学校特色发展的定位。

一、学校长期开展海洋文化特色课程实践

我校——广州市海珠区新港中路小学是一所立于时代潮头的学校。1993年9月，新港中路小学迎着改革开放的时代浪潮，在春天的故事里诞生了。从一开始，学校就坐落在海洋文化氛围浓厚的社区中，这为学校教育的蓬勃发展营造了得天独厚的外部环境，为学校海洋文化特色的孕育和积淀提供了肥沃的土壤。

新港中路小学校名中的"新港"来源于学校门前的"新港路"。新港路是海珠区的一条重要道路，横贯整个海珠区，向西联通太古仓码头、白鹤洞码头，向东联通新洲码头、黄埔古港，东望珠江滔滔入海，其历史由来与海珠区的地理特点、行政变迁、历史上的港口活动以及工业发展紧密相关。随着时间的推移，新港路已经成为海珠区不可或缺的一部分，展现着区域发展的现代化特征。如今，历经沧桑的古老港口焕发新生，新港中路更是蜕变为广州城独一无二的会展之路，它不仅是连接广交会展馆这一全球市场的纽带，使货物畅通无阻地抵达四方，更吸引了九州人才汇聚于此。此外，新港中路更是文化与科技的交汇之路，沿线汇聚了中山大学、广州美术学院、广东第二师范学院等高等学府，以及中国科学院南海海洋研究所、自然资源部南海局（简称"南海局"）、中国电子科技集团第七研究所（简称"电科七所"）

等科研院所，它们以国际视野为引领，勇攀科技高峰，引领着时代的潮流（见图1-1）。

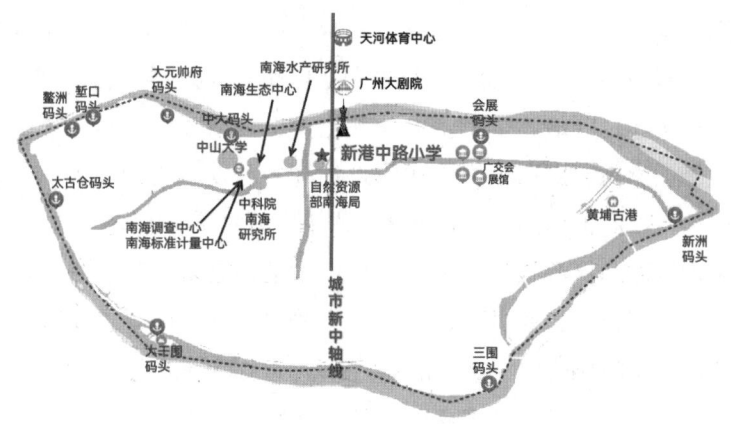

图1-1　新港中路小学地理位置示意

校名中的"中"则是新港路中心的"中"，也是新中轴线的"中"。新港中路小学位于海珠区中心地段，旁边客村立交联通广州大道，双向贯通珠江，汇通大海。同时，新港中路小学也位于海珠区的新中轴线上，新中轴线北依白云山，南通珠江后航道，作为城市风貌、商务、旅游、对外展示的核心，多种资源交汇，可谓"面朝大海，春暖花开"。

自建校之初，我校便敏锐地捕捉到学校所处地域的特征与周边资源的独特价值，积极探索与校情、学情紧密结合的特色教育内容，将海洋元素融入校园文化建设与学校的教育教学实践之中。例如，在校徽设计、校园景观建设中融合了海浪和海鸥等海洋物象。尤为引人注目的是我校校园内的主题雕塑——《翔》，它栩栩如生地展现了一只海鸥翱翔于浩瀚大海之上的壮丽景象。我校首任校长戴景萍还为其作了注释："海鸥在大海上，不畏艰险，勇敢地与风浪搏击，迎着太阳，展翅飞翔，象征着勇敢、坚强、顽强拼搏、奋发向上。"又如，在课程建设中融入家国情怀与海洋文化等核心内涵，增强学生的人文认同与时代使命感。我们定期邀请海洋生物学家、地质学家等来校举办讲座，让学生了解海洋的奥秘；组织学生进行海洋主题的户外实践活动，如参观海洋馆、海洋公园、水族馆等，或到海边进行实地观察和体验；鼓励学生利用废旧物品制作与海洋相关的手工作品，如海洋动物模型、海洋生态瓶等，既培养了学生的动手能力，又增强他们对海洋的热爱和保护意识；定期组织海洋知识竞赛，激发学生的学习兴趣和积极性，提高他们的海洋科学知识水平；开展海洋环保宣传活动，如制作海洋环保海报、举办海洋环保主题班会等，培养学生的环保意识和责任感；通过讲述海洋历史故事、欣赏海洋艺术作品等方式，让学生感受海洋文化的魅力，增强他们的文化素养；等等。通过参与这些与海洋科普相关的课程实践，学生不仅培养了对海洋科学的兴趣，提高了海洋科学知识水平，同时增强了环保意识和责任感。

长期的课程实践为我校培养具有全球视野和创新能力的新时代人才奠定了坚实的基础，也使学校师生逐渐显现出独特且鲜明的海洋文化精神风貌和气质。

二、从实践中明确学校特色的定位

《应用汉语词典》中对"特色"的阐释是："某事物与众不同的色彩、风格等；事物最见长的方面。"对学校的特色进行定位至关重要，因为它不仅关乎学校的长期发展，也影响着学校教育的质量。所谓特色学校，就是在与时俱进的教育思想指导下，从学校实际出发，经过多年实践，不断改进，形成独到的、最优的、持续的办学风格，并取得一定办学成果的学校。特色学校有与普通学校相同的特征，也有不同于普通学校的特征——独到性、领先性、合理性、持续性。为什么要对学校的特色进行定位呢？我们有必要进行这样的思考：我们学校教育的最终目的是什么？我们要培养什么样的人才？21世纪是一个快速变化、高度互联、信息爆炸的时代，教育、科技、人才是全面建设社会主义现代化国家的基础性、战略性支撑，人才是第一资源、核心竞争力。在这样的时代背景下，学校教育需要培养的是具备核心竞争力、能够适应未来社会主义现代化国家建设和发展要求、具备创新精神和较高综合素质的人才。这对学校教育提出了前所未有的挑战。

对于学校教育而言，其特色定位正是其核心竞争力的重要体现。通过对自身的特色进行定位，学校能够明确自己的发展方向和育人目标，制定相应的发展战略和计划，推动学校的持续发展和创新。同时，学校能够准确把握学生个体的独特需求，为学生提供多样化的优质教育资源，满足学生的个性化发展。而学校文化特色的形成过程，既是学校遵循规律、顺应时势、不断积淀、与时俱进的过程，也是学校不断加深自身文化认识、增强文化自觉，并持续推进有目的的文化建设的过程。

对学校的办学特色进行定位，要求学校全面审视自身的教育实践、历史传统、文化积淀以及未来发展潜力。一是从长期的课程教学实践中挖掘学校的独特价值和优势，对过去的课程教学实践进行深入分析，识别出在教学效果、学生满意度、社会认可度等维度表现突出的方面，并将其与学校在长期教学实践中的积累相结合，提炼形成具有独特性和不可复制性的教育理念和教学方法，从而形成自身的核心特色。这些理念往往能够体现学校的价值观和教育追求。基于核心特色的提炼，学校需要明确自身的发展方向，包括确定学校未来的发展目标、规划教学改革的路径以及制定相应的发展战略。二是全面梳理学校办学历史，从办学历史和发展过程中挖掘出在学校发展历程中形成的、具有深远影响的办学思想和理念，这些办学思想和理念已经在不知不觉中转化为师生的行为和共识，可推动学校形成强大的凝聚力和向心力。

就这样，在长期的海洋科普课程实践过程中，我们同舟共济、初心不改。在长期的海洋文化教育实践中，一种海洋文化的自觉逐渐清晰起来：对学校长期开展海洋科普教育的历史和传统进行回顾，在反复的"我从哪里来？""我有什么？""我缺什么？""我要到哪里去？""何以可能？"的追问中克己和觉醒，将学校未来发展的方向定位为"海洋文化"，并对理念建构、环境建设、德育、管理、课程等方面进行全面设计（见图1-2）。这种在长期的课程实践中的自省、进取，使我校的海洋文化特色优势不断精进，并贯穿于海洋文化教育的始终。

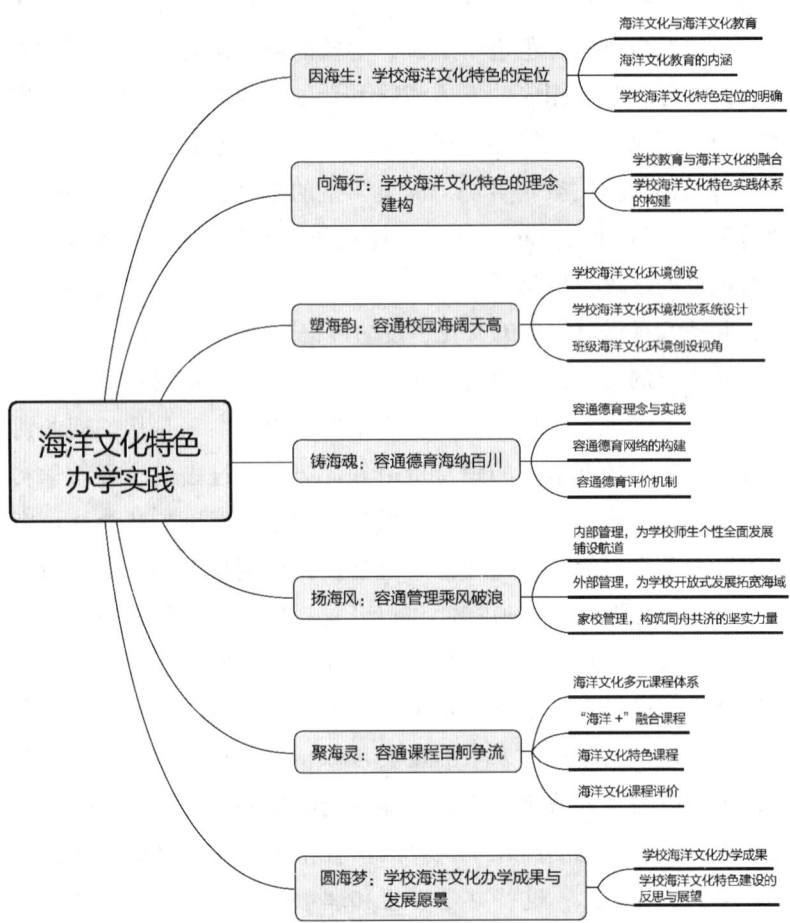

图1-2　海洋文化特色办学实践框架

第二章 向海行：学校海洋文化特色的理念建构

海洋，生命的摇篮、风雨的温床、大气的襁褓、资源的宝藏、商贸的窗口、国防的前哨。人类的生命来自海洋，人类的文化起源于海洋。海洋的浩瀚壮观、变幻多端、自由开放、奥秘无穷，都使得人类视海洋为力量与智慧的象征与载体。历史证明，谁控制了海洋，谁征服了海洋，谁就能引领人类文明的发展。中华民族是人类海洋文化的主要缔造者之一。在漫长的历史演进过程中，踏波听涛、扬帆沐海的中华先民，创造了悠久的、凝注民族血脉精神的中华海洋文化。我校积极从海洋文化中汲取精神力量和知识力量，构筑了自己独特的文化理念体系。

第一节 学校教育与海洋文化的融合

海洋，作为地球上最广阔的领域，自古以来便是人类探索未知、追求自由的象征。同样，学校教育作为孕育未来社会栋梁的摇篮，也承载着引导学生探索知识、拓宽视野、塑造品格等重要使命。我们深知，学校教育与海洋文化之间存在着紧密而深远的联系，如海洋的宽广与深邃象征着教育的包容与深度，海洋的活力与变化映射着教育的创新与变革。我们坚信，将海洋文化融入学校教育之中，不仅能丰富学生的学习体验，更能培养他们的宽广胸怀、深邃思维、创新能力，使他们在未来的道路上如航海般勇往直前，探索无限可能。

一、学校教育与海洋文化的共性特征

学校教育与海洋在本质上是完全不同的领域，但学校教育与

海洋文化在特征上却有着许多相通的地方，这可以从多个角度进行归纳和总结。

（一）学校教育的特征

学校教育的特征主要体现在以下六个方面。

1. 职能的专门性

学校教育有特定的内涵和使命，即专门培养人。学校作为专门的教育场所，具有明确的教育目标和计划，旨在让学生通过系统学习和训练获得全面发展。

学校教育拥有专门的教育者——教师，他们经过严格选拔和专门训练，具备广博的学识、高尚的品德以及丰富的教育经验，能够运用有效的教育方法引导学生成长。

2. 组织的严密性

学校教育具有严密的组织结构和规范的制度。从宏观上看，学校有各级各类、多种多样的体系结构；从微观上看，学校内有专设的领导岗位和教育教学组织，以及一系列的教育教学制度，如教学计划、课程设置、教学方法等。

学校通过制定严格的规章制度，将人的发展所需要的时间和空间纳入可控的程序之内，以保证教学顺利、有节奏地进行，提升学校工作效率和学生学习效果。

3. 内容的全面性

学校教育内容广泛而全面，涵盖德、智、体、美、劳等多个方面。学校通过开设不同的学科和课程，向学生传授知识和技能，同时注重培养学生的思想品德、情感态度、价值观以及身心健康等方面的素质。

学校教育内容具有系统性和连续性，各门课程之间相互联系、循序渐进，使学生能够系统地掌握知识和技能。

4. 手段的有效性

学校教育采用多种有效的教学手段和方法，如课堂教学、实验教学、社会实践等，以满足学生多样化的学习需求。这些手段和方法能够激发学生的学习兴趣和潜能,提升教学效果和学习效率。

学校还注重利用现代教育技术手段,如多媒体、网络等,为学生提供更加丰富、生动的学习资源和环境。

5. 形式的稳定性

学校教育形式具有相对的稳定性。学校的教学内容、教学计划、课程设置等都是由国家教育主管部门制定的教学大纲和课程标准来指导的,具有一定的稳定性和连续性。

学校教育教学的基本组织形式是班级授课制,同一年龄阶段或知识水平大体相同的学生组成班集体,由教师按照固定的时间表进行授课。这种稳定性有利于学生的系统学习和全面发展。

6. 目标的明确性

学校教育的目标非常明确,即培养满足社会发展和个人成长需要的合格人才。学校通过系统教授和训练,使学生在知识、技能、情感、态度等方面得到全面发展,成为社会的有用之才。

可见,学校教育的特征体现在职能的专门性、组织的严密性、内容的全面性、手段的有效性、形式的稳定性以及目标的明确性等方面。这些特征共同构成了学校教育的基本框架和优势,为学生的全面发展提供了有力保障。

(二) 海洋文化的特征

海洋文化作为一种独特的文化形态,具有多种鲜明的特性。

1. 涉海性与包容性

涉海性:海洋文化是围绕海洋这一特定环境而形成的,其所有活动和表现形式都与海洋密切相关。这种涉海性使得海洋文化具有独特的海洋特色和海洋元素。

包容性:海洋文化的包容性体现在它能够吸纳不同地域、不同民族、不同文化的精华,形成多元共生的文化格局。海洋作为连接世界的纽带,促进了不同文化之间的交流与融合,从而赋予海洋文化更丰富的内涵和更广阔的视野。

2. 外向的辐射性与交流性

外向辐射性：海洋文化具有对外辐射的特性，它能够通过海上交通、贸易、探险等方式被传播到世界各地。这种外向的辐射性促进了全球文化的交流与融合。

交流性：海洋文化强调异域异质文化之间的跨海联动性和互动性。在海洋的广阔舞台上，不同文化之间通过贸易、航行、移民等方式进行深入的交流与合作，推动了人类文明的进步和发展。

3. 开放性与拓展性

开放性：海洋文化是一个开放的文化系统，它不断吸收新的元素和成果，推动自身不断发展和完善。海洋的广阔性和无限性为海洋文化的开放性提供了条件。

拓展性：海洋文化具有强大的拓展性。随着人类对海洋认识的不断深入和科技的不断发展，海洋文化的领域和范围不断拓展，涵盖了海洋科技、海洋经济、海洋环保等多个方面。

4. 冒险性与进取性

冒险性：海洋活动往往伴随着未知和危险，因此海洋文化具有冒险性的特点。历史上的海洋探险家们以无畏的勇气和坚定的信念征服了广阔的海洋，为后人留下了丰富的海洋知识和文化遗产。

进取性：海洋文化中的进取性表现为对未知世界的探索和开拓精神。海洋的广阔性和神秘性激发了人类对未知世界的渴望和探索欲望，推动了人类文明的进步和发展。

5. 生命的本然性与壮美性

生命的本然性：海洋是生命的摇篮，海洋文化蕴含着生命的本然性。海洋中的生物种类繁多、形态各异，展现了生命的多样性和复杂性。海洋文化通过对海洋生物的研究和观察，揭示了生命的奥秘和本质。

壮美性：海洋的浩瀚无垠、波涛汹涌以及海洋生物的奇妙多姿都展现了海洋的壮美性。海洋文化通过艺术、文学、影视等多种形式展现了海洋的壮美景象和独特魅力，激发了人们对海洋的敬畏和向往之情。

综上所述，海洋文化具有涉海性与包容性、外向的辐射性与交流性、开放性与拓展性、冒险性与进取性以及生命的本然性与壮美性等多种鲜明的特性。这些特性共同构成了海洋文化的独特魅力和深厚底蕴。

(三) 学校教育与海洋文化的共性特征

学校教育与海洋文化在多个方面展现出共性特征，这些特征体现了两者在文化传承、教育目标、内容与方法等方面的相互关联和相互促进。以下是对这些共性特征的归纳。

1. 文化传承与创新

学校教育：学校是文化传承的重要阵地，学校教育不仅传授基础知识和技能，还肩负着弘扬民族文化、培育民族精神的重要使命。在传承的基础上，学校教育鼓励学生创新，注重培养学生的创新思维和创造力。

海洋文化：同样具有传承与创新的特性。海洋文化通过世代相传的海洋故事、传说、习俗等形式，将海洋文化的精髓传递给后人。同时，随着时代的发展，海洋文化也在不断创新，融入新的元素和理念，以适应现代社会的需求。

2. 多元性与包容性

学校教育：面向全体学生，注重学生的多元发展。它尊重学生的个体差异，鼓励学生根据自己的兴趣和特长选择适合的学习内容和方式。这种多元性和包容性为学生提供了广阔的发展空间。

海洋文化：同样具有多元性和包容性的特点。海洋文化融合了不同地域、不同民族、不同文化的元素，形成了丰富多彩的海洋文化景观。海洋文化的包容性使它能够吸纳各种文化的精华，不断丰富和发展自身。

3. 教育性与启迪性

学校教育：核心目的是培养人，促进学生的全面发展。通过系统的课程设置和科学的教学方法，学校教育为学生提供全面的教育体验,旨在启迪学生的智慧,激发学生的潜能,培养学生的综合素质。

海洋文化:同样具有教育性和启迪性的特点。海洋文化蕴含着丰富的知识和智慧,能够启迪人们思考,激发人们的探索欲望。通过学习海洋文化,人们可以了解海洋的奥秘,认识海洋与人类的关系,培养保护海洋、珍惜海洋资源的意识。

4. 开放性与拓展性

学校教育:随着教育改革的不断深入,学校教育越来越注重开放性和拓展性。它打破传统的教学模式,引入新的教学理念和方法,为学生提供更加开放、自由的学习环境。同时,学校教育也积极拓展校外教育资源,加强与社区、企业、科研机构等的合作与交流。

海洋文化:具有天然的开放性和拓展性。海洋文化的开放性体现在海洋作为连接世界的纽带,促进了不同文化之间的交流与融合。海洋文化的拓展性体现在它不断向新的领域和方向发展,如海洋科技、海洋经济、海洋环保等,为人类社会的可持续发展提供了重要支撑。

5. 共同的教育目标

尽管学校教育和海洋文化在表现形式和领域上有所不同,但它们都致力于培养具有全面素质的人才。学校教育通过系统的教育和培训,使学生具备扎实的基础知识和创新能力;而海洋文化则通过其独特的魅力和内涵,激发学生的探索精神和环保意识,为培养具有海洋情怀和全球视野的人才作出贡献。

综上,学校教育与海洋文化在文化传承与创新、多元性与包容性、教育性与启迪性、开放性与拓展性以及共同的教育目标等方面展现出共性特征。这些共性特征体现了两者之间的内在联系和相互促进关系,也为推动教育事业的发展和海洋文化的传承提供了有力依据。

二、学校教育融海洋文化的基本策略

学校教育与海洋文化之间存在着紧密的联系,海洋文化作为一个广阔且深邃的领域,能够为学校教育提供丰富的知识资源和精神内涵。随着全球化的不断深入,海洋文化的传承与创新对于推动国家发展、促进民族振兴具有不可估量的价值。学校,作为知识传播与价值观塑造的关键场所,与海洋文化相互交融,不仅能够极大地丰富教育内容,更能为培养具有国际视野、尊重自然、勇于创新的未来海洋公民奠定坚实的基础。因此,积极推动海洋文化在学校教育中的深度融合与创新发展,使海洋文化成为学校教育的重要推动力,这是为强国建设贡献教育力量的重要途径。

(一) 海洋文化融入学校课程体系

将海洋文化深度融入学校教育体系,是实现海洋文化教育价值的关键步骤。首要任务是构建一套全面的与海洋文化相关的课程体系,如开设"海洋科学""海洋历史与文化""海洋生态保护"等课程,确保学生能够系统地学习并深入理解海洋知识。为实现这一目标,学校可以全面整合各学科资源,将海洋的地理特征、生态多样性、历史变迁及文化内涵融入语文、数学、道德与法治、科学等基础课程中,形成一个跨学科的、紧密相连的知识网络。例如,学校可以在科学课程中专门设置关于海洋生物多样性和海洋生态系统的章节,让学生了解海洋生物的丰富性以及它们之间的相互关系;增加海洋地理和海洋气候的内容,帮助学生理解海洋对全球气候和地理环境的重要影响;探讨海洋在人类历史发展中的作用,以及不同文化对海洋的认知和利用。除此之外,也可以介绍海洋的流动、潮汐等物理现象,让学生理解这些现象背后的物理原理。

学校还可以根据地域特色,因地制宜地开发具有地方特色的校本课程,如"海洋奥秘探索"聚焦于海洋生物多样性的深度研究,"海洋环保行动"关注海洋环境保护的策略和实践,以及资源的可持续利用等议题。这些课程不仅能够增强学生的地域认同感,还能激发他们对海洋文化的探索热情。

为了满足学生个性化的兴趣和发展需求,学校还可以设置多样化的选修课程，如海洋科学、海洋文学、海洋艺术类等。这些选修课程可以为学生提供更广阔的视野和更深入的学习机会，让他们在自己感兴趣的领域进行深入研究，从而进一步加深对海洋文化的理解和感悟。通过这样的课程体系构建，学校不仅能够帮助学生获得全面的海洋知识，还能够培养他们综合分析与解决问题的能力，以及对海洋文化的深厚情感和保护海洋环境的责任感。

（二）从学校课堂走向海洋文化实践

理论与实践的深度融合是教育不可或缺的一环，尤其在海洋文化的传承与教育中显得尤为重要。为了让学生更直观地感受海洋的壮阔与深邃，学校应精心设计一系列实践体验活动，让学生走出课堂，亲身走进海洋的怀抱。

首先，学校可以定期组织海洋实地考察活动。通过参观海洋博物馆、水族馆等场所，学生可以近距离地观察各种海洋生物，了解它们的生活习性、生存环境和保护状况。这些生动的展示不仅能对学生产生较强的视觉冲击力，从而使学生留下深刻的印象，还能激发他们对海洋生物多样性的好奇心和保护欲。同时，专业的讲解和互动体验也能让学生更深入地理解海洋科学的知识，将课本上的抽象概念与实物相结合，形成更直观、更深刻的认识。

其次，参与海洋科研活动也是提升学生实践能力的重要途径。学校可以与海洋科研机构或相关专家合作，邀请他们为学生开展专题讲座或指导科研实践。学生可以在专家的带领下，参与海洋生态监测、海洋污染调查等科研项目，亲身体验科研工作的严谨与乐趣。这种参与式的学习方式不仅能提高学生的科研能力，还能让他们更加关注海洋环境的保护问题，培养对海洋的责任感和使命感。

此外，海上运动体验也是让学生感受海洋文化魅力的有效方式。学校可以组织海上帆船、皮划艇等运动体验活动，让学生在海风的吹拂和海浪的拍打中，感受海洋的广阔与自由。这些运动不仅能锻炼学生的体能和勇气，还能让他们更加深入地了解海洋文化,感受航海精神的坚韧与拼搏。

除了上述活动外,学校还可以利用假期时间组织集学习、体验、探险于一体的综合性活动——海上探险营。学生可以乘坐船只出海航行,亲身体验航海生活的艰辛与乐趣。在航行过程中,他们可以学习航海知识、了解海洋气象、掌握航海技能,同时感受海洋文化的深厚底蕴。这种身临其境的学习方式不仅能让学生更加热爱海洋、尊重海洋,还能提高他们的团队协作能力和应对突发事件的能力。

通过这些丰富多样的实践体验活动,学生不仅能够将课堂上学到的海洋知识运用到实际中,还能在亲身体验中深化对海洋文化的理解和感悟。这种理论与实践相结合的方式将为学生提供一个更加全面、立体的海洋教育环境,助力他们成长为具有海洋情怀和环保意识的未来公民。

(三) 海洋文化融入校园环境

营造浓厚的海洋文化氛围,对促进学校教育与海洋文化的融合具有重要意义,它不仅能够美化校园环境,更重要的是能够塑造学生的海洋意识并提升他们的文化素养。为实现这一目标,学校可以在校园环境的设计中全面融入海洋元素,构建一个多维度、深层次的海洋文化生态环境。

具体而言,学校可以在校园的各个角落设置与海洋文化相关的主题景观、展板和标语。例如,在教学楼、图书馆、食堂等公共区域设立海洋文化宣传栏,展示海洋生物的丰富多样性、海洋文化的悠久历史与传承等内容,使海洋的氛围与故事遍布校园的每一个角落。

除此之外,学校还可以通过设置海洋主题的雕塑、壁画等艺术作品,以及举办海洋文化节、海洋知识竞赛等丰富多彩的活动,进一步激发学生对海洋的兴趣和探索欲望。同时,鼓励学生主动成立海洋科普社团、海洋文学社等学生组织,通过创作、演讲、展览等多种形式,积极传播海洋文化,从而在提升学生综合素养和创新能力的同时，使海洋文化成为校园文化中一道独特而亮丽的风景线。

（四）培养海洋意识与责任感

从更深层次的角度看，学校应将海洋文化教育视为塑造学生全球视野与责任感的重要途径。通过一系列精心设计的活动与课程，学校应着力培养学生的海洋意识，这不仅涉及对海洋资源的珍视与合理利用、对海洋生态平衡脆弱性的深刻理解，还包括对海洋科技前沿动态的敏锐洞察，以及对国际海洋合作重要性的高度认同与支持。

在教学方法上，学校应采用多元化的策略，例如，引入生动具体的案例分析，让学生直面海洋环境面临的挑战与危机——塑料污染、生物多样性的破坏、海平面上升等，从而激发他们的忧患意识并使之采取保护行动。具体而言，学校可以采用以下策略：通过角色扮演活动，让学生亲身体验不同利益相关者（如渔民、环保主义者、政策制定者等）在海洋保护中的角色与责任，增进其对复杂海洋问题的理解与应对能力；模拟国际会议，让学生置身于全球治理的语境中，就海洋保护、资源分配、气候变化等议题展开辩论与协商，这不仅可以提高他们的国际交流与合作能力，更让他们深刻体会到作为地球公民，在维护海洋健康与可持续发展中他们具有不可或缺性。

学校还应鼓励学生参与海洋科研项目、实地考察与志愿服务，例如参与海洋生态监测、海滩清洁行动、海洋科普教育等，将理论知识转化为实际行动，让责任感与使命感在实践中生根发芽。通过这些活动，学生将学会如何从个人做起，为海洋保护贡献自己的力量，并理解每个人的小小努力都是推动全球海洋治理进程不可或缺的一环。

学校教育与海洋文化融合，不仅是在传授知识，更是在培养一种对海洋的深厚情感与责任感，以及一种对地球未来负责的态度。这样的教育将激励学生成为未来的海洋守护者，以更加积极、主动的姿态参与到全球海洋保护与发展的行动中去,共同守护这个蓝色星球的美丽与繁荣。

(五) 海洋文化融入教师培养体系

教师是教育实践的引领者与实施者,对于推动海洋文化在教育领域的广泛传播具有举足轻重的作用。为了实现学校教育与海洋文化的深度融合,我们必须从教师培养这一源头抓起,积极引进那些具备海洋科学背景的专业人才,使我们的师资队伍更加充实。这些教师不仅能以其独特的视角和丰富的经验为学生带来前沿的海洋科学知识,激发学生对海洋文化的浓厚兴趣,更能全面带动学校教育与海洋文化的融合。

为进一步加强海洋文化教育师资队伍的建设,学校可以定期举办海洋文化教育培训活动。这些活动不仅要涵盖海洋科学的基础知识,更要深入到海洋文化的内涵、历史传承以及现代应用等多个层面。通过邀请海洋领域的知名专家、学者对教师进行培训和指导,我们可以有效提升教师的专业素养和教学能力,使他们更加熟练地掌握将海洋文化融入日常教学的方法和技巧。

学校还应当积极拓展外部合作与交流渠道,与海洋科研机构、海洋教育机构等建立紧密的合作关系。通过共同开发海洋文化教育资源和课程,我们可以实现资源共享、优势互补,为海洋文化教育的深入发展提供更加丰富的素材和案例。这种合作模式不仅有助于提升课程的教学质量,还能为学生提供更多实践和亲身体验的机会,从而加深其对海洋文化的理解和认同。

与此同时,学校应当鼓励教师发挥主观能动性,自主开发海洋文化教育教材和教具。教师可以结合学生的年龄特点和兴趣爱好,设计出既有趣味性又有教育意义的教材内容和教学工具。这些教材和教具的丰富多样,将极大地拓展海洋文化教育的形式和内涵,使学生的学习过程更加生动有趣、富有成效。

(六) 海洋文化融入社区氛围

家校合作和社会资源的利用对于营造海洋文化教育氛围至关

重要。首先，我们可以通过家长会、家校互动平台等途径，向家长宣传海洋文化教育的重要性和意义，鼓励家长引导孩子关注海洋文化，参与海洋文化实践活动。其次，我们可以与社区、企业等合作，共同开展海洋文化教育活动，为学生提供更丰富的实践机会和学习资源。最后，我们还可以利用互联网资源，例如海洋科普网站、海洋文化 App 等，为学生提供在线学习和交流的平台，拓宽他们的学习渠道和视野。

总之，学校教育与海洋文化的深度融合，不仅是对传统教育内容的拓展与升华，更是对未来社会可持续发展所需人才的精心培育。它使学生能够以更加开阔的视野审视世界，从更加深邃的角度理解人与自然的关系，成长为具备科学素养、人文关怀和国际视野的新一代海洋公民，携手共创人类与海洋和谐共生的美好未来。

第二节　学校海洋文化特色实践体系的构建

学校育人离不开学校文化的浸润，学校的长足发展更离不开深厚文化底蕴的影响和科学文化理念的引领。对于一所学校来说，我们要提供什么样的教育，什么样的学校生活，才能更好地促进学生的生命成长与发展？这是一个值得思考的问题。美国教育家杜威曾提出："教育的目的在于文化的陶冶，在于人格的发展……学校所施加于它的成员的影响将更为生动，更为持久，含有更多的文化意义。"基于这样的理解和认识，在教育的实践中，我校逐渐形成一个最基本的信念，即学校内在不可替代的教育力量就是其文化影响力，文化育人是最高层次的育人。为此，为更好地实现"文化育人"，我校从地域特征、周边资源中寻找海洋的深厚依托，以海洋的物象为景，以海洋文化的底蕴为源，提炼海洋对于教育所凝聚的文化内涵，明确以海洋文化为核心，积极开展海洋文化的探索与实践。

一、学校海洋文化的生态样貌

我校在继承和发扬学校传统历史的基础上,深入挖掘海洋文化的丰富内涵,寻找最适合自己的核心价值,并将其精神属性和知识属性融入教育实践,形成独特的学校核心价值观——海洋文化,即以海洋的"心有容量"精神属性和"志通四海"知识属性为核心引领,培育具有"包容之心、兼容之学、从容之行"的通情达理、通才达识、通时达变之人,落实到教育实践,这便是"容通教育"。

在容通教育实践中,我们以海洋文化为引领,培养学生以包容的心态看待世间万物,眼界开阔、心地善良、善于沟通,成为通情达理、品德端正之人,与他人、与社会和谐相处;鼓励学生将兼容的知识融会贯通,成为通才达识、多元发展的个体,能够在不同领域和文化之间架起桥梁,促进知识的交流和创新;同时,培养学生具备通时达变、与时俱进的能力,从而养成行动从容的品质,以适应不断变化的环境和挑战,使他们能够在面对未知和变化时,保持冷静和灵活,寻找最佳的解决方案。

(一) 容通教育的内涵

容通教育是涵养包容品行的道德教育。以德树人,才是育人的根本。包容、兼容、从容是海洋的精神内涵,更是容通教育所倡导的、学生应该具备的道德品质,即有同理心、同情心,有善心、爱心,通情达理、自信从容、仁者爱人。

容通教育是构筑多维发展的素养教育。沟通、贯通、变通是海洋的物质功能、知识属性,更是容通教育所倡导的培养多元发展的通才理念。容通教育构建具有本校特色的三大素养育人目标体系,搭建全方面、多维度的教育平台,满足每个师生的不同发展需要,助力学生多维度发展。

容通教育是追求心行合一的创新教育。基于海洋精神内涵、心理层面的"有容乃大"和海洋知识框架行动层面的"通达四方",容通教育倡导心行合一、敢于实践、勇于创新的拼搏奋斗精神,通过科技教育和击剑等体育项目,激发学生勇往直前、奋发进取的创新精神。

(二) 容通教育提出的依据

1. 政策指引层面

容通教育在育人目标上与立德树人相契合,作为一种特色教育理念,它可以推动学校传统教育模式的改革,满足学校教育现代化的发展需求,促进学校教育的高质量发展,满足人民日益增长的对高质量教育的需求。

容通教育是落实立德树人根本任务的一条有效路径。国家教育政策强调立德树人是教育的根本任务。容通教育注重学生的全面发展,不仅仅倡导学生融会贯通多元兼容的知识,更重视包容、兼容、从容等品德品质的培养和个性的塑造,这与立德树人的目标相契合。

容通教育是解决社会主要矛盾的一条有效路径。党的十八大、十九大报告均强调"办好人民满意的教育"是当前中国特色社会主义建设的头等大事,指出了学校办满足人民需求的教育是社会建设的重中之重。党的十九大报告指出,我国当前社会的主要矛盾是人民日益增长的美好生活需要和不平衡、不充分的发展之间的矛盾。可见,办好优质教育是人民群众的热切期盼,国家政策鼓励教育改革,以适应社会发展的新要求和满足人民日益增长的高质量教育需求。容通教育所倡导的包容品行教育对于解决我国当前社会的主要矛盾是有利的。

容通教育满足教育现代化的需求。2019年,中共中央、国务院印发文件《中国教育现代化2035》,提出了加快推进教育现代化的目标。《国家教育事业发展"十四五"规划》在此基础上提出了全面落实立德树人根本任务的要求,强调德育的实效性,推动智育的创新,注重体育健康,重视美育熏陶,加强劳动教育。这些举措旨在加快推进教育现代化,建设教育强国,培养德智体美劳全面发展的社会主义建设者和接班人。而容通教育正是遵循教育规律，汲取海洋文化的精神力量，重视多种知识和素养的兼容和贯通，尊重每个学生的可持续成长，提倡跨学科学习，强调整合不同学科知识、技能和素养，促进学生在道德、智力、体育、美育和劳动教育等方面的全面发展，尤其注重对学生的科技创造力和实践能力等核心素养方面的培养，这些都是适应现代化社会发展需求的关键能力。

2. 思想理论层面

（1）与通识教育的育人目标不谋而合。容通教育的育人目标，源自对海洋文化深邃的思考，以及对通识教育理念的深入研究和高度认同。通识教育，亦被称作通才教育、自由教育或博雅教育，其概念最早由19世纪初美国博德学院的帕卡德教授提出。在中国，钱穆先生于1940年发表《改革大学制度议》，首次提出了"知识贵在融会贯通"的理念。1941年，梅贻琦在《大学一解》①中进一步阐述了"通识为基，专识为辅，社会所需，通才为重，专家为次。若以无通才之专家治国，其结果非但未能造就新民，反而可能引发社会动荡"的深刻见解。

在当今这个多元共融的社会中，通识教育致力于向学习者传授跨越不同群体的知识和价值观，培育他们独立思考的能力，促使他们对各学科有广泛而深入的理解。通识教育的终极目标，是塑造出既全面又完整的个体，使他们能够在复杂多变的世界中，以开放的心态和广阔的视野，实现自我价值，并为社会做出贡献。

（2）容通教育依据的相关理论。容通教育思想源自海洋文化底蕴，"容"偏重心理感悟，"通"偏重实践行动，强调学生在学习成长中的自主成长意识，注重学生潜能开发，遵循规律，循序渐进。容通教育以国内外相关理论为依托，代表人物及其理论如下。

皮亚杰"建构主义"理论。容通教育深受皮亚杰建构主义理

---

① 梅贻琦在1941年4月发表于《清华学报》第十三卷第一期的文章。该文章最能体现清华教育理论之一——通才教育思想。

论的启发，该理论倡导一种以学生为中心的教学模式。在这种模式下，教师的角色转变为意义建构的引导者和促进者，而非单纯的知识传递者。他们通过精心设计的教学活动和环境，激发学生的好奇心和探索欲，引导学生主动地构建知识体系。学生在这个过程中，不再是被动接受外部信息的对象，而是积极地参与到意义建构的过程中。他们通过主动探索、实践、反思和交流，不断丰富和完善自己的认知结构，形成对世界的深刻理解和独到见解。这种以学生为中心的教学模式，不仅有助于培养学生的自主学习能力，还有利于激发他们的创新精神和批判性思维。学生在教师的引导下，学会从不同角度审视问题，运用跨学科的知识解决问题，最终成长为具有独立思考能力和终身学习能力的个体。容通教育致力于构建一个开放、互动、合作的学习共同体，让教师和学生在相互尊重、平等对话的基础上，共同探索知识的奥秘，体验学习的乐趣，实现自我成长和个人价值。通过这种教育模式，我们期待培养出更多具有创新精神、批判性思维和社会责任感的优秀人才，为社会的进步和发展做出积极贡献。

维果斯基"最近发展区"理论。维果斯基认为，儿童有两个发展水平，一个是他们目前能够独立完成的任务水平（即现有水平），另一个是他们在成人或更有能力的同伴的帮助下能够完成的任务水平（潜在发展水平）。这两个水平之间的区域被称为"最近发展区"。这是学生在适当的指导和支持下能够达到的发展区域。维果斯基强调，教学应该具有前瞻性，即教学活动应该着眼于学生的未来发展，而不仅仅是他们目前的能力水平。在最近发展区内提供适当的挑战和支持，可以促进学生的认知和心理发展，帮助他们达到新的、更高的能力水平。维果斯基的最近发展区理论还强调了社会文化因素在发展中的作用，认为学习是在社会互动中发生的，语言和文化工具在认知发展中起着至关重要的作用。在教育实践中，教师可以通过提供脚手架来支持学生，帮助他们逐步掌握复杂的概念和技能，直到他们能够独立完成。依据维果斯基的最近发展区理论，容通教育着眼于学生学习的最佳时期，让学生在最近发展区内接受新的学习，调动学生的积极性，激发其潜能，超越其最近发展区而达到下一发展阶段的水平。

王阳明"知行合一"理论。我国明代著名思想家王阳明首次提出"知行合一"理论，教育家陶行知更对其进行了专业的探讨。"知行合一"理论认为：知识与行动不可分割，真正的知识必须通过实践来验证和体现；特别强调道德认识和道德行为的一致性，认为道德认识必须转化为道德行为；认为知识和行动的统一需要个体主动去探索和实践；强调个体在道德、认知和实践方面的全面发展。同时，"知行合一"理论对教育的实践导向有着深远的影响，认为教育应当引导学生将理论知识应用于实践；强调个体应当具备社会责任感，并在实践中体现这种责任感。

容通教育也强调知识与实践的统一，鼓励学生将所学知识应用于实际问题的解决中；注重培养学生的包容、兼容、从容等道德意识和品质，并鼓励学生将道德认识转化为实际行动；鼓励学生主动探索，通过实践活动来深化对知识的理解，并培养解决问题的能力；着眼于学生的全面发展，不仅注重知识学习，也重视学生的情感、价值观和社会责任感的培养；强调教育的实践导向，致力于培养学生的实践能力和创新精神，培养学生的社会责任感，鼓励学生积极参与社会服务和公共事务。

在"知"与"行"的关系上，知行合一理论强调知中有行，行中有知，二者互为表里，不可分离；"知"必然要表现为"行"，不"行"则不能算真"知"。它强调了知识与行动的紧密结合，倡导在真实的社会环境中应用所学，从而培养学生的批判性思维、问题解决能力和创新精神。这种教育模式不仅能帮助学生在学术上取得成就，更重要的是能激发他们的内在潜能，引导他们成为具有社会责任感和实践能力的全面发展型人才。

"容通教育"与"知行合一"理论在教育的理念和实践方法上高度一致。在推动教育实践和促进学生全面成长的过程中，"知行合一"的理念为容通教育提供了宝贵的指导和启示。

3. 区域需求层面

在区域需求层面，学校不仅吸引了周边社区的广泛关注，更汇聚了来自诸如南洋局、电科七所等顶尖高科技科研院所的精英家庭。这些高层次人才作为社会发展的中坚力量，他们自身便是时代进步的见证者与参与者，因此对子女的教育寄予了尤为深厚的期望。他们不仅希望孩子们能够在知识的海洋中遨游，更期待他们能够拥有跨学科的多元视野与广博的学识，以适应并引领未来社会的可持续发展。同时，高科技人才的家庭背景，赋予了孩子们探索未知、拥抱变化的独特优势与无限可能，他们渴望孩子们成为既有深厚学术底蕴，又具备创新能力和全球视野的新时代接班人。

4. 学校办学层面

（1）击剑项目积累的基础。击剑项目是学校鼎鼎有名的传统项目，通过修建专业赛道，聘请专业教练，搭建参赛平台，获得奖项无数，为学校海洋文化的实践奠定了基础。击剑项目能够深刻培养运动员的勇敢与果断，使他们在激烈对抗中保持冷静并勇于挑战；能够锤炼运动员面对体能与技术挑战时所展现出的坚韧与不屈的精神；同时，击剑项目强调公平与尊重的价值观，不仅能够促进赛场上的公平竞争，也塑造了运动员良好的品德与礼仪；最重要的是，击剑项目锻炼了运动员的智慧与策略，让他们在体力比拼之外，更能在瞬息万变的比赛中展现出高超的判断力与应变能力。海洋文化则以其勇敢探索、坚韧不拔、开放包容及智慧创新的精神力量，深刻影响着人们面对未知与挑战的态度，与击剑运动所倡导的勇敢、坚韧、国际化视野及策略性竞技不谋而合，共同展现了人类在面对自然与竞技时，追求卓越、勇于开拓的精神风貌。

（2）教学成果带来的效应。我校历来是有口皆碑的教学质量好、学风正的学校，教师经验丰富。除学业抽测成绩优秀外，我校更注重多元化课程效果和学生的综合素养发展，不断加大教师科研力度，提升高层次人才数量，带动校本课程开发，申报课题研究，向着更海阔天高、通达四海的教育境界扬帆远航。

(三) 海洋文化·容通教育的价值

海洋文化·容通教育为我校提供了一种符合教育本质、适应学校实际的办学思想。这种思想不仅能够指导学校的发展，还能够成为学校文化和教育理念的核心，在这个基础上，我们可以构建学校整体的理念系统，为学校提供可持续发展的动力。

1. 思想指引

海洋文化·容通教育思想可以为学校提供发展的方向和目标指引，能够引导学校在教育实践中坚持正确的价值观和教育理念，确保教育活动能够促进学生的全面发展。

2. 实施基础

这些理念可以作为学校实施教育活动的理论基础。它们可以被融入课程设计、教学方法、学校管理等各个方面，确保教育实践能够与学校的教育理念相一致。

3. 作为办学策略的指导准则

海洋文化·容通教育可以作为制定学校办学策略的指导准则。它们可以帮助学校领导和教师团队制定出符合学校实际情况和长远发展目标的策略。

4. 内涵积淀

通过海洋文化·容通教育的实践，学校可以逐渐积累和沉淀自己的文化内涵。这种内涵不仅能够丰富学校的教育实践，还能够提升学校的教育品质和社会影响力。

综上所述，海洋文化·容通教育的价值在于它们能够为学校提供一个全面的、系统的、可持续发展的教育思想体系，帮助学校在教育实践中实现教育目标，培养出具有创新精神和实践能力的学生。

二、海洋文化生态的实践维度

海洋文化生态的实践维度是一个多方面的概念，涵盖了对海洋环境的保护，海洋资源的合理开发利用，海洋文化的传播、传承与发展，以及海洋生态文明的建设等。这些实践维度共同构成了海洋文化生态的全面实践，旨在实现海洋资源的可持续利用、海洋环境的有效保护以及海洋文化的繁荣发展。

将海洋文化生态的理念融入教育实践，意味着在教学中积极传承和弘扬海洋文化的独特价值。这不仅涉及将海洋文化作为教育内容的重要组成部分，而且要求教育主体以海洋文化为指导，引导教育行为，设计和实施教育活动（见图2-1）。通过这样的教育实践，学校可以培养学生对海洋环境的尊重和保护意识，同时塑造他们的优良品质，激发他们对海洋科学和文化的兴趣，从而全面提升教育质量和学生的综合素质。海洋文化生态在教育实践中的落实，可以通过将海洋知识融入课程、组织海洋环保活动、开展科普教育、鼓励跨学科学习、参与研究项目、促进国际交流、参与社会实践、建立环境友好校园文化、激发艺术创作以及与社区合作开展相关活动等多种方式，来培养学生对海洋生态的理解和保护意识，从而使学生为海洋的可持续发展和环境保护贡献力量。

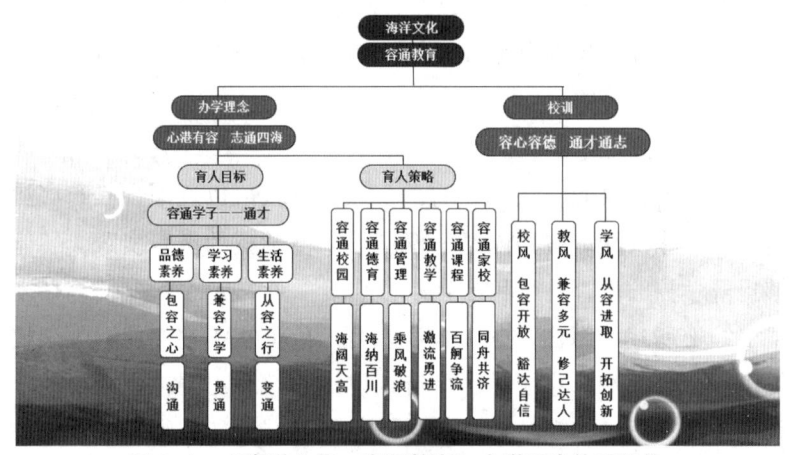

图2-1 "海洋文化·容通教育"办学理念体系架构

（一）以办学思想统领学校发展方向

办学思想是指一个学校在教育实践中形成的关于教育目标、

教育理念、教育方法等方面的系统认识和指导原则。它是学校文化的重要组成部分，对学校的教育活动和发展方向具有重要的指导意义。办学思想决定了学校发展的高度，对学校办学实践、特色生成、文化建设均有重要意义。办学思想是优质教育之魂。办学思想的凝练是优质教育的强烈呼唤。

办学思想具有很强的实践指导性，有利于学校的内涵发展和特色生成。对学校来说，由于有了正确思想的引领，办学立意更加高远，办学方向更加明确，办学意志更加坚定，办学行为更加自觉，办学成效也就更加明显。这样，学校办学就会真正回归教育本真，体现教育规律，彰显教育价值。办学特色不是外露的，而是内生的，是学校内涵发展的副产品。办学思想本身是根据党的教育方针要求和与时俱进的前瞻思考，结合学校实际而形成的一种个性化办学追求。基于正确的思想引领，学校通过自身长期的坚守和积淀，其办学特色也就自然生成和显现。因而办学思想逐渐成为学校的一种独特标识。

经过长期的探索与实践，源于对所在地域资源、传统文化、校名来源与内涵的挖掘，凝练海洋文化所赋予的教育内涵，寻找最适合本校发展的教育思想，我校提出了"容通教育"办学思想。"容通教育"基于海洋文化的精神内涵和知识属性，以海洋的"有容乃大"为精神核心，旨在达成"四通八达、志通四海"的教育目标。学生们有包容之心，眼界开阔、心地善良，能与人良好地沟通合作；有兼容之学，素养综合、才艺多元，能将丰富的知识融合贯通；有从容之行，与时俱进，面对变化懂得变通，乐于创新、不畏困难，逐渐成长为有胸襟、有个性、敢拼搏、可持续成长的人。

"容通教育"有两层实践含义：一是"容"，二是"通"。"容"在容通教育中指向开放多元的教育思想，落实在教育实践上就是打开校门办教育。"通"在容通教育中指向通识通才的教育思想，培养的是全面成长的人。

所谓容者，纳也，意为包容、兼容、从容，在教育中是指宽广的眼界以及开放多元的自信心态。《礼记·中庸》有语："从容中道，圣人也。"意思是能够从容地保持中道，不偏向任何极端，这样的人是圣人。在《中庸》中，这句话完整表述为"诚者，不勉而中，不思而得，从容中道，圣人也"，反映了儒家思想中关于真诚与中庸的哲学理念。《中庸》是儒家经典之一，它强调了中庸之道，即不偏不倚的平衡状态，体现了儒家思想中追求和谐与平衡的价值观。在《中庸》中，中庸被看作一种理想的生活态度和行为准则，是达到道德完善和内心平静的关键。《尚书·君陈》中也有这样一句话："有容德乃大。"原文是："必有忍，其乃有济；有容，德乃大。"意思是说，一定要有所忍耐，才能有所成功；有所宽容，德行才能高尚宏大。这里强调了宽容对于德行的重要性，表明一个人的德行不仅在于其行为的正直和善良，还在于其能够包容和理解他人。通过宽容，一个人能够展现出更高的道德品质，赢得他人的信任和尊敬。这句话不仅是对个人品德的一种赞美，也是对人际关系中宽容精神的一种推崇。显然，"容"偏重于心理，兼容并蓄、从容豁达，然后心胸开阔。"容"在容通教育中指向开放多元的教育思想，落实在教育实践上就是打开校门办教育。

所谓通者，行也，意为沟通、贯通、变通，指向行动、实践，象征勇于探索的求知精神。东汉时期许慎所著的《说文解字》中关于"通"的阐释有："通，达也。"在这部著作中，许慎通过"通，达也"解释了"通"字的含义，意指通达、畅通无阻。《周易·系辞》中的"往来不穷谓之通""推而行之谓之通"也阐释了"通"的双重含义。"往来不穷谓之通"指出真正的"通"不仅仅是表面的畅通无阻，更是一种持续不断的、充满活力的交流与互动。"往来不穷"意味着这种交流和互动是永恒且无止境的，它代表了一种生命力和动态的平衡。"推而行之"强调了将这种交流和互动转化为实际行动的重要性，并意味着不仅要理解这种"通"的本质，更要将这种理解转化为具体的实践，使之得以实现和扩展。可见，"通"的本质在于行动，勇于探索，勤奋踏实，然后通达四方。因而"通"在容通教育中指向通识通才的教育思想，培养的是全面成长的人。

(二) 以办学理念指引学校整体变革

办学思想和办学理念是学校发展的核心动力和精神支柱。在康德的批判哲学中，"理念"是指理性所产生的概念，这些概念超越了经验的界限，无法通过感官经验来验证，运用理性达到绝对统一知识的理念有三个：一是一切精神现象的最高的、最完整的统一体"灵魂"；二是一切物理现象的最高的、最完整的统一体"世界"；三是以上二者的统一体"上帝"。这三个理念都是理性自身的产物，属于自在之物，即事物自身的真实状态，与我们通过感官所感知的"现象"相对，它们超出现象界，因而带有先验的特征。《辞海》对"理念"的解释与康德的理念概念有所不同，它更侧重于将其作为思维活动的结果和观念。在《辞海》中，"理念"有两层意思：一是"看法、思想，思维活动的结果"；二是"观念"（希腊语 idea）。在更广泛的语境中，"理念"一词通常指的是人们对某些事物或概念的看法、思想或信仰，它们可以是具体的，也可以是抽象的，可以指导人们的行动和决策。

概括而言，"理念"是人们经过长期的理性思考及实践所形成的思想观念、理想追求和哲学信仰的抽象概括。理念属于一种思想观念，不同领域的活动背后都有理念在支持，如经营理念、管理理念、服务理念和教育理念。而办学理念是学校办学的基本信念，是学校改革的灵魂，对学校发展具有深远的指导价值，体现了办学者对好教育的期待与梦想，对学校存在理由与价值的追问。办学理念作为办学思想的理论内核，将引领着学校的整体改革和发展。

"观念转变，行为跟进"是所有学校改革的基本路径。任何一项学校工作的改革，首先要求具备先进的办学理念，然后才可能促进学校的可持续发展。

在新港中路小学，我们通过实践与探索，确立了"心港有容，志通四海"的办学理念,即心有博大容量,志在海阔天高。心港,即心灵的港湾,又是学校校名"新港"的谐音,旨在培养师生拥有"有容乃大"的海洋精神,心胸开阔豁达,眼界广阔开放,通情达理,有爱心和善心。海洋给了人类开拓进取的勇气、面对未来的志向,在学校教育的指引下,学生能够获得多元化、综合性的真才实学,综合素养得以全面发展,同时,形成有胸襟、有个性、敢拼搏的品质,走出校园后成为在社会中有建树、有贡献的人。

(三) 以四维目标落实容通教育实践

办学理念和办学宗旨是设定目标体系的最好指引。我校的海洋文化特色实践目标体系包含四个维度:育人目标、学校发展目标、教师成长目标、家长共育目标。

1. 育人目标:培养有海洋文化底蕴的容通学子

"夫以记室之要,宜须通才敏思,加性情勤密者。"(《宋书·孔顗传》)这句话强调了担任重要职务的人需要具备的素质和能力。这些要求在今天依然具有重要的借鉴意义。这些素质和能力包括复合型才能(指具备多方面的知识和技能,能够应对各种复杂的情况)、敏捷的思维能力(指思维敏捷,能够迅速理解和处理问题)、勤奋坚毅的品质(指工作勤奋,不怕辛苦,能够持之以恒地完成任务)、细致严谨的态度(指做事细心,注重细节,能够确保工作的质量)等。

2016年9月13日,中国教育部发布了《中国学生发展核心素养》,标志着中国教育改革进入了3.0时代。核心素养是指学生应具备的、能够适应终身发展和社会发展需要的必备品格和关键能力。这一概念的提出,旨在推动教育从知识传授向能力培养转变,更加注重学生的全面发展。落实到我校的容通教育实践中,容通教育的育人目标就是要培养多方面素养全面发展的"容通学子"。

具体而言,"容通学子"是指有胸襟、有个性、敢拼搏、可持续成长的通才。所谓通才,即学识面宽广、具有多种才能的横向型人才,具备广泛的基本知识、技能,能够积极参与社会生活,富有责任感,能自我激励、全面发展。相对于专才(精英,即只针对某方面的专家)而言,通才更强调知识的广泛性、综合性和实用性,在学识之外敢于行动和实践。具体包括以下三个方面。

一是着重培养学生的品德素养,使学生成为有包容之心、胸襟宽广、通情达理、会沟通的人,学会理解和接纳不同的观点和文化,尊重他人的差异,弘扬传统美德,树立高尚人格。

二是着重培养学生的学习素养,使学生成为有兼容之学、个性张扬、通才达识、融会贯通多元知识的人,激发其学习兴趣,让其学会自主学习,开拓视野见识,培养多元才艺。

三是着重培养学生的生活素养,使学生成为有从容之行、敢拼搏、懂变通、通时达变之人,使学生能够立足时代变化,勇于探索创新,积极端正言行,提高身体素质。

总体而言,我校的育人目标是基于海洋文化的精神内涵和知识属性,以海洋的"有容乃大"为精神核心,达成"四通八达、志通四海"的教育目标,学生有包容之心,眼界开阔、心地善良,能与人良好地沟通合作;有兼容之学,素养综合、才艺多元,能将丰富的知识融会贯通;有从容之行,与时俱进,面对变化懂得变通,乐于创新、不畏困难,逐渐成长为有胸襟、有个性、敢拼搏、可持续成长的人。

2. 学校发展目标:创建有海洋文化底蕴的容通名校

我校的发展目标是创建一所以海洋文化为底蕴,以"容通教育"为引领,以教师、学生的可持续发展为本,融汇社会资源,促进家校合作,在本区域具有一定知名度、美誉度的"容通教育"品牌学校。为实现这一目标,我们将采取以下具体措施。

一是注重立德树人,开拓区域资源,为师生搭建开放平台。我们坚持落实立德树人根本任务,以德为先,育德为先,致力于培养学生的品德素养和社会责任感,充分挖掘和利用本区域的海洋文化资源,为师生搭建开放的平台,让他们在实践中学习和体验海洋文化的独特魅力。

二是注重开发多元课程，注重学以致用，为师生搭建展示平台。我们将开发丰富多元的课程体系，该课程体系涵盖海洋科学、海洋文学、海洋艺术等多个领域，以满足不同学生的兴趣和需求。同时，我们注重课程的实用性和应用性，鼓励学生将所学知识运用到实际问题解决中，培养他们的实践能力和创新精神。

三是注重结合政策优势，顺应时代变化，为师生搭建创新平台。我们将密切关注教育政策的变化，充分利用政策优势，为师生搭建创新的平台，顺应时代发展趋势，积极探索教育改革和创新，不断优化教育教学模式，提升教育教学质量。

通过这些具体措施的落实，我们相信我校将逐步发展成为一所具有鲜明的海洋文化特色、先进教育理念、优秀教育质量的"容通教育"品牌学校。我们将为学生提供全面发展的平台，为教师提供专业成长的环境，为家长提供参与教育的机会，共同推动学校的发展，为社会培养出更多德才兼备、全面发展的优秀人才。

3. 教师成长目标：成为有海洋文化底蕴的容通教师

在海洋文化·容通教育的引领下，我校教师的成长目标为：成为有海洋文化底蕴的容通教师。具体包括以下三个方面。

"学高为师，德高为范。"教师应严格遵守教师职业道德规范，品德高尚，端庄得体，行为规范，言传身教，以高尚的师德影响和感染学生，成为学生的榜样；以立德树人为根本，致力于提升学生的道德素养，培养德高志远、宽仁善良的学生。

"师者，所以传道受业解惑也。"教师应不断学习和研究，立足课堂，掌握先进的教学理念和方法，具备扎实的专业知识和高超的教学技能，以传授知识、启迪智慧、解决疑惑为本职工作；应根据学生的特点和需求，采用丰富多样的教学方法，激发学生的学习兴趣，提升教学效果，并注重教学创新，不断探索和实践新的教学模式。

以学生为中心。教师应具备敏锐的观察力和应变能力，密切关注学生的成长变化，及时把握学生的成长需求和困惑，快速响应学生的问题,并及时在必要的时候给予个性化的指导和帮助。

4. 家长共育目标:做有海洋文化底蕴的容通家长

家长应心胸开阔豁达,积极主动参与家校合作、家校互动,了解孩子,了解学校,有效陪伴孩子成长。

家长应有合理、科学的教育理念,有追求、有特长,理解并赞同学校的教育理念,与学校同心,为孩子成长助力。

家长应有高尚的审美情趣,鼓励孩子拼搏创新,能为孩子营造积极向上的生活氛围,让孩子生活在快乐的成长环境中。

5. 办学精神

学校的办学精神是学校文化的核心,它体现了学校的教育理念、价值追求和行为准则。办学精神作为一种精神动力与支撑,是思想文化积淀后的一种凝练性的呈现,这些精神可以感召人、鼓舞人。"容通教育"生发出新港中路小学独特的精神,这些精神具体表现为校训、校风、教风、学风等。

我校的校训为"容心容德 通才通志"。"容心"即宽容包容的心态;"容德"即端正仁善的品行。我们要心态宽仁、眼界开阔、心胸豁达、品德端正,从海洋文化中汲取容通教育思想养分,倡导"有容乃大"的精神力量,注重培养师生心态宽仁、眼界开阔、心胸豁达、品德端正。"通才"即具备多方面知识的人才;"通志"即有志向、有理想,有愿意为未来拼搏的勇气。我们要倡导师生拥有融会贯通的知识体系,成为通才,有"志达四海"的理想,为理想拼搏奋斗,不惧风浪,勇往直前。

我校的校风是"包容开放 豁达自信"。包容开放是海洋文化的重要内涵,以海洋文化为底蕴的学校,正以包容的心态、开放的眼界迎接时代浪潮,整合周边资源,搭建多元平台,让每个教师和学生都能豁达、宽厚,都能自信、自强,在校园生活中扬起独属于自己的风帆,驶向梦想彼岸。

我校的教风是"兼容多元 修己达人"。教师在教学中注重将多元化的知识兼容并蓄、融会贯通,尊重每个学生的个性特点,因材施教,以培养通才为目标,而不是单一追求成绩;激发和挖掘学生自身的潜能，善于引导学生自主学习。与此同时，教师应热爱教育教学，感受到教书育人的快乐，修己达人、修己安人，实现自我的成长，促成学生的进步。

我校的学风是"从容进取　开拓创新"。学如逆水行舟，不进则退。我们希望学生在学习过程中，能够有从容自信的心态，遇到难题不慌张、不畏难，懂得思考，乐于创新，并能够自主学习、自觉学习，在快乐中学习，在体验中学习，善于思索，勤于感悟，展现各自的精彩个性。

（四）海洋文化生态的实践策略

为了达成育人目标，我校精心策划并实施了一系列育人策略，全方位覆盖环境营造、德育强化、管理优化、教学创新及课程设计等关键领域，旨在让"容通教育"理念更加生动可行，使其深度融入教育实践之中。

环境策略：容通校园，海阔天高。学生的成长不是孤立的、隔绝在封闭实验室中的，而是需要与周边环境相互包容、相互连通，适应环境、感受环境并享受环境带来的生命体验，终有一天"海阔凭鱼跃，天高任鸟飞"。为此，在学校环境氛围营造方面，我校注重与海洋文化的自然融合，处处体现海洋所赋予的精神内涵，带给师生海阔天高的精神感悟。

管理策略：容通管理，乘风破浪。海洋的包容和通达给予了学校管理的精神力量，我校深知在管理中要有包容之心，对每位同事、每位教师包容其个性，激发其潜力，融汇个人所长，共同为理想乘风破浪、不畏险阻，共同努力。乘风破浪前行的基础在于航船安全、可靠。秉承有法可依、有法必依的原则，我校鼓励师生自觉遵守学校制定的规章，宽严有度，在和谐的氛围中共同成长。

家校策略：容通家校，同舟共济。学生的可持续成长不但是学校的目标，更是家长的目标，家校应携手同行、同舟共济，一起为学生成长努力。学校深度挖掘家长资源，调动家长力量，除常规的家委会、家校活动外,更组建家长志愿者服务队,详细划分各个部门,各司其职,相互包容、有效沟通,形成高效流程,助力学生在多元化发展与综合素养提升中实现全面成长。

德育策略:容通德育,海纳百川。海洋的精神力量为学校德育提供了丰富的内涵。在德育工作中,我校从海洋开放包容、多元差异、开拓进取的特性出发,引导学生心胸开阔、善良仁爱、自强不息,进而拼搏奋斗、效仿贤德,培养远大志向,养成独立个性。"海纳百川,有容乃大。"立德树人的主题犹如海洋之浩瀚,容纳各种力量,组成德育网络,形成强大的德育力量,设定多元化德育主题,开展丰富多彩的德育活动,通过立体化德育评价,培养学生成为有胸襟、有个性、敢拼搏、可持续成长的人。

教学策略:容通教学,激流勇进。"百川有余水,大海无满波。"学无止境,教学的过程就是乘风破浪、激流勇进,向着未知的知识领域奋勇前进、攻克一个个知识难题的过程。求知是每个人灵魂里固有的需求,教学应该遵循教育规律,遵循学生最近发展区规律,鼓励学生自主学习、自觉成长,不采用填鸭式、强硬化的方法,而是包容学生学习中的小错漏,与学生沟通交流,采用激励、鼓励、引导的方式,达成学习效果。

课程策略:容通课程,百舸争流。拉尔夫·泰勒说过,课程是学校教育的核心任务。课程是育人的主阵地,为此构建课程体系尤为重要。海洋因为容纳百川而万物繁盛,每个学生因个性不同、潜能不同、兴趣不同,在学习过程中犹如百舸争流、千帆竞渡,各显其能,展现独特的精彩。新港中路小学为此构建了多元化、多角度的容通课程平台,创新性地将国家课程、地方课程等基础性课程的校本化落实,为学生打下扎扎实实的基础;通过多元化开发校本课程体系,让学生能够主动选择、自觉学习,从而激发学生个性潜能,使学生实现个性化成长。

第三章 塑海韵：容通校园海阔天高

教育不只是灌输知识，更重要的是营造一个有利于学生成长的环境。良好的教育环境对人的影响是巨大的，它可以塑造和影响人的性格和行为，激发人的潜能，从而促进其全面发展。教育环境的优化是提高教育质量的关键。教育环境包括物质环境、文化环境等多个维度，优秀的文化环境能够启迪智慧，提升人的道德修养和审美能力。海洋文化环境创设在学校教育中的重要性不容忽视，它不仅是营造特色校园文化的关键，更在多方面对学生的成长和发展产生深远影响。

第一节 学校海洋文化环境创设

学校环境作为一种教育资源，是教育研究领域中一个被持续关注的重点。将学校环境建设作为基础，通过环境管理等有效手段，可以创建一个促进学生全面成长的教育生态系统。这种生态系统不仅包括物质环境的优化，也涵盖了文化环境氛围的营造。将海洋文化融入学校环境的创设，是教育实践的一种有效路径。海洋文化不仅蕴含着丰富的精神属性，还包含了广泛的知识属性，把这些元素融入学校的日常教学和校园文化建设中，有助于将学生塑造成为有包容之心、兼容之学、从容之行的学子。

一、学校环境创设的内涵

环境建设是一个多维度的概念，它包括空间环境、办学环境、育人环境、治理环境、情感环境五个内涵，以促进一个组织或社区的全面发展和进步。空间环境指的是物理空间的布局、设计和利用，包括建筑物、设施、绿化等。良好的空间环境可以提升人们的舒适度和工作效率，同时也是展示组织形象和文化的重要方面。办学环境是指教育机构的内部和外部条件，如教学设施、师资力量、课程设置、学术氛围等。一个优秀的办学环境能够激发学生的学习兴趣，促进知识的吸收和创新思维的发展。育人环境涉及培养人才的各个方面，包括教育内容、教学方法、师生关系、社会实践等，育人环境强调的是全面发展，注重学生个性的培养和潜能的挖掘。治理环境指的是组织内部的管理机制、规章制度、决策流程等。良好的治理环境能够确保组织运作的高效和透明，促进公平和正义，增强组织的凝聚力。情感环境涉及人与人之间的关系和情感交流，包括尊重、信任、支持等情感因素。一个积极的情感环境能够增强团队的凝聚力，提高成员的满意度和忠诚度。这五个内涵相互关联，共同作用于一个组织或社区的整体发展。在实际应用中，需要根据具体情况进行综合考量和平衡，以达到最佳效果。

学校环境建设是营造教育氛围、促进学生全面发展的关键因素。学校环境分为校内环境和校外环境。校内环境包括学校环境和班级环境。校外环境包括家庭环境、社区环境和社会环境。学校环境即学校全面的环境氛围，包含品牌传播综合环境、文化物象及诗意环境、场室应用等硬件环境。班级环境即班级在学校文化及办学思想指引下开展的班级文化建设，包括班级理念、班级制度、班级氛围、班级活动等。

学校环境建设通过营造积极向上的校园精神文化，增强学生的归属感和认同感，同时提供优美的学习和生活环境，提升学生的审美和文化素养。良好的学校环境文化既能激发学生的求知欲和创造力，又能强化行为规范和纪律意识，还能助力学生的心理健康和情绪管理。此外，它还有助于促进师生互动、教育创新，以及连接家庭和社区，共同营造一个和谐、包容、富有教育意义的学习空间。

二、学校环境创设的理念

学校环境创设的理念是指导学校在物质环境、文化氛围、教育活动等方面进行规划和设计的核心思想。这些理念通常旨在创造一个有利于学生全面发展的学习和成长环境。学校环境创设的理念是学校文化建设的重要组成部分，它关系到学校教育质量的提升和学生的全面发展。我校环境建设的策略是"容通校园　海阔天高"。海洋文化引领下的"容通校园　海阔天高"意为建设一种如海洋般开放、包容、自由和广阔的教育环境，学生在这个教育环境里可以自由探索、全面发展。

"容"是指校园环境氛围如同海洋一样接纳来自所有不同背景，有着不同兴趣和不同能力水平的学生。"通"强调学生、教师和家长之间开放的沟通渠道和氛围，以及知识与思想的自由流通。"容通"意味着包容和通达，体现了和谐共生的理念，提倡学校接纳不同背景、具有不同个性、能力处于不同水平的学生，并为他们提供平等的教育机会。"海阔天高"象征着宽广的视野和开放的心态，寓意学校积极创造一个开放的学习环境，为学生接触多元文化、拓宽知识面提供条件，鼓励学生去开拓视野，去探索未知，去追求卓越，勇于创新，敢于梦想。同时，"海阔天高"也暗示着自由的精神，鼓励学生自由地表达思想，自由地追求知识和真理。因此，"容通校园　海阔天高"又强调教育的可持续性，即学校环境的创设应该符合长远发展的需求，注重培养学生的终身学习能力和社会责任感。

三、学校环境创设的具体措施

（一）环境规划与布局

主题确定与规模规划：首先确定海洋文化环境的主题，如海洋探索、海洋生态等，并据此规划整体规模和布局。

空间布局：在校园内选择合适的空间，如走廊、教室、操场等，进行海洋文化元素的布局。海洋文化元素可以通过海洋主题的墙绘、雕塑、景观等方式呈现。

功能分区：根据实际需求，划分出海洋文化展览区、互动体验区、教学区等功能区域，以满足不同教学和活动需求。

班级环境创设：班级环境创设是教育的重要环节，它涉及主题明确的文化氛围营造、色彩与布局的精心设计、绿植与创意装饰的点缀、学习资源的丰富配置、学生参与互动机制的完善以及安全卫生的严格保障。通过这些措施，我们可以打造一个既美观又实用，充满正能量与创造力的学习环境，以促进学生的全面发展与成长。将海洋文化主题融入班级环境创设，可以为学生营造一种独特而富有启发性的海洋文化学习氛围，激发他们的探索欲和创造力。

（二）文化展示与体验

视觉系统设计：将海洋文化主题融入学校的视觉系统设计，旨在通过视觉元素传达学校的海洋特色和教育理念，使之深入到学校日常教育教学中的各个环节。

海洋文化展览：设置专门的海洋文化展览区，展示海洋生物的标本、图片、模型等，让学生直观了解海洋文化。

互动体验项目：设计多样化的互动体验项目，如模拟海洋探险、海洋科普游戏等，让学生在参与中体验海洋文化的魅力。

教学与实践结合：将海洋文化元素融入日常教学中，如开设海洋科学课程、组织海洋文化主题实践活动等，让学生在学习中感受海洋文化的价值。

（三）设施建设与管理

基础设施建设：完善海洋文化环境所需的硬件设施，如海洋文化展览馆、海洋生物实验室等，确保环境创设的顺利进行。

智能管理系统：采用智能控制系统对海洋生物环境进行管理，如自动调节光照、水质等环境参数，确保海洋生物的生存条件。

安全保障：加强安全设施建设和管理，如设置警示标识、配备救生设备等，确保学生在参与海洋文化活动时的安全。

（四）文化传承与推广

课程设置：将海洋文化纳入课程体系，开设相关选修课程或必修课程，让学生在课程中学习海洋文化知识。

活动组织：定期举办海洋文化节、海洋知识竞赛等活动，引导学生积极参与海洋文化活动，增强和提高对海洋文化的兴趣和喜爱度。

媒体宣传：利用校园媒体和社交媒体等平台，积极宣传海洋文化知识和活动，扩大海洋文化的影响力。

（五）跨界合作与资源整合

与科研机构合作：与海洋科研机构合作，共同开展海洋文化研究和科普活动，提升海洋文化环境的科技含量和教育价值。

与社区合作：与周边社区合作，共同开展海洋文化宣传和实践活动，扩大海洋文化的影响力。

与企业合作：与相关企业合作，共同开发海洋文化产品和旅游资源，实现海洋文化产业的可持续发展。

通过以上措施的实施，学校可以有效地创设出具有丰富海洋文化内涵的校园环境，让学生身临其境地感受海洋文化的魅力，加深对海洋的认识和热爱，同时促进海洋文化产业的可持续发展。

第二节 学校海洋文化环境视觉系统设计

通过统一的视觉识别（Visual Identity，VI）体系，如校徽、校服、宣传资料等，我校将海洋文化融入学校的每一处细节，让学生在潜移默化中受到海洋文化的熏陶。

一、VI体系规划

建设"海洋文化·容通教育"思想品牌，凸显海洋勃勃生机的内涵特征，统一视觉形象标识，启动VI体系，规范对校徽、标准色、标准字体及相关办公用品、旗帜、标牌等的应用,形成品牌化传播。

(一) 核心理念明确

明确的视觉系统设计理念对于创建一个成功且富有影响力的品牌形象至关重要。一个明确的视觉系统设计理念不仅能够帮助设计师保持设计的连贯性和一致性,还能确保品牌信息准确、有效地传达给目标受众。

我校确立了"海洋文化·容通教育"的核心品牌理念,强调海洋的广阔、深邃与包容,以及教育中的融会贯通。

(二) 视觉形象标识设计

视觉形象标识设计是品牌塑造中至关重要的一环,是品牌视觉形象的核心。它通过独特的图案、文字或图案与文字的结合,将品牌的理念、价值观以及独特性通过视觉元素传达给公众,帮助消费者迅速识别品牌,建立品牌记忆。一个成功的视觉形象标识设计不仅有助于提升品牌知名度,还能增强消费者对品牌的认同感和忠诚度。

视觉形象标识设计主要分为三种类型:图案型、文字型和图案文字结合型。图案型通过独特的图形或图案传达品牌信息,具有直观、形象的特点,容易给消费者留下深刻的视觉印象;文字型使用文字作为品牌标识,具有简洁明了、易于记忆的特点,同时能够直接传达品牌名称。图案文字结合型将图案和文字结合在一起,形成独特的品牌标识。这种类型的标识兼具图案型和文字型的特点,能够同时满足视觉识别和语言传播的需求。视觉形象标识设计的视觉表达原则,即所选的视觉元素应该能够张扬地域特色,使其视觉效果与其人文环境相适应,以鲜明的视觉形象展示品牌气质。同时,要注意融合学校文化信息,达到"无声胜有声"的信息识别效果。视觉形象标识设计的结构合理性强调标识标牌的组成结构、安装结构都应考虑其合理性和实用性。在不确定其结构是否合理以及能否承受外部压力的情况下，应避免施工以消除潜在的安全隐患和避免后续的维护麻烦。视觉形象标识设计还需要考虑使用和维护成本：应站在客户和使用者的角度考虑使用和维护成本，以减轻客户服务部的压力。标识标牌实施后，应确保视觉效果良好，且维修成本较低。

为此，我校在视觉形象标识设计上，具体安排如下（见图3-1）。

校徽设计：校徽体现海洋文化特色，运用了海浪、海鸥、太阳等元素。海鸥、太阳、海浪是校名简称"XGZ（新港中）"的美化设计。勇敢的海鸥向着太阳飞翔，顽强地与海浪搏击，寓意着学子们以坚强的意志和毅力，努力学习，将来为振兴中华贡献自己的一份力量。

标准色：选择象征海洋的蓝色作为主色调，辅以白色，形成鲜明对比，突出海洋的清新与活力，象征学校充满生机活力。

标准字体：选择简洁、易读、具有现代感的字体，体现学校的开放与包容。

图 3-1　2021 年 10 月校徽修正版

（三）应用系统设计

办公用品：如信封、信纸、名片、文件夹等，统一使用标准色和标准字体，确保视觉形象的一致性。

旗帜与标牌：校园内的旗帜、指示牌、宣传栏等，应体现海洋文化特色，使用校徽和标准色，形成强烈的视觉冲击力。

服装与配饰：学生校服、教师制服、领带、徽章等，应包含校徽元素，体现学校的统一形象。

（五）规范管理

制定 VI 体系使用规范和管理办法，确保 VI 体系在全校范围内的统一应用和管理。

定期对 VI 体系进行审查和调整，以适应学校发展的需要和市场环境的变化。

（四）品牌化传播

活动宣传：结合学校开展的海洋科普教育、科研活动、文艺演出等，利用校徽、标准色等元素进行广泛宣传，提高品牌知名度。

媒体合作：与新闻媒体、网络平台等建立合作关系，通过新闻报道、专题访谈、直播等方式，展示学校的海洋文化特色和教育教学成果。

通过以上步骤和要点的实施，我校成功构建了一个 VI 体系——容通教育视觉体系，形成了独特的海洋文化。这个体系不仅凸显了学校海洋内涵勃勃生机的特征，也统一了学校的视觉形象标识，规范了校徽、标准色、标准字体及相关办公用品、旗帜、标牌等应用，推进了学校海洋文化的品牌化传播，促进学校不断迈向新的高度，为培养更多的优秀人才做出更大的贡献。

二、视觉环境设计

视觉环境设计是一门多学科交叉融合而成的艺术科学，旨在通过使用色彩、形状、纹理、光影等多种视觉元素和符号，在公共空间或私人场所中创造富有意义和美感的视觉体验。

1993 年建校伊始，我校就将海洋元素融入了校徽的设计和校园文化建设中。2019年，我校正式将"海洋教育"定为办学特色，根据海洋文化·容通教育的环境理念，对学校教学楼、教师楼进行重新改造和命名，建设具有海洋文化特色的各类专用场室，并将海洋标本、海洋科技知识、海洋艺术作品、海洋设备设施等各种元素与教学活动、学生课余生活有机地结合起来，让海洋文化元素成为一种环境，使学生和科普对象在海洋文化氛围的全天候实时浸润中，实现潜移默化的教育。具体的改造区域包括户外校门口、教学楼通道、教学楼电教室外、教学楼梯外围屋等。改造的特色场地包含海洋科普室、海洋科普宣传长廊，并建设具备录播与直播功能的综合电教室、电脑室、广播室，等等，还新增教学多功能一体机、各类标本展柜、标本移动展台、特色海洋生物标本、海洋主题背景版图，以及世界海洋地图、中国海洋地图、实验桌椅以及配套的相关设施。

（一）学校大门设计

学校的大门（见图3-2）于2022年10月落成，大门的设计巧妙地融入了动态海浪的优雅元素，其海浪的流畅曲线自保安亭蜿蜒而出，仿佛是大海的波涛涌动。在校门的左侧上方，一只海鸥展翅翱翔，象征着自由与探索。保安亭之上，两个颜色迥异的装饰犹如海底新生的植物，它们寓意着新港中路小学的学子们在这片知识的海洋中汲取养分，茁壮成长；同时，它们也象征两块帆板，寓意新港中路小学学子们在大海上乘风破浪。展望未来，他们如同那海鸥一般，在各自的赛道上展翅高飞，追求更高的理想。学校为了给学生提供一个更为舒适的学习环境，在保安亭和教学楼之间设计了一条连廊。它不仅可以为学生们遮风挡雨，还巧妙地增添了美观性。整个设计以蓝色和白色为主色调，辅以丰富的色彩，既彰显了学校的海洋文化特色，又展现了其内涵的多样性。这样的设计不仅令人赏心悦目，更在无形中传递着学校的育人理念和愿景。

图 3-2　海洋特色校门

（二）海洋科普课室设计

我校于 2021 年暑假开始建设海洋科普课室（见图 3-3）。教室分为展示区、教学区和阅读区 3 个部分，室内面积 100 平方米。教室内设有多媒体展示屏、各类标本展柜、海洋主题背景版图、海洋主题的科普图书、实验桌椅等。海洋科普室作为海洋科普活动的场地，建成之后主要用于进行校内海洋科普活动、社团课活动、对外开放展示等。它为师生搭建了平台，让更多的孩子走近海洋，了解海洋，认识海洋。学校切实践行国家提出的 21 世纪"海洋强国的发展战略"，不断增强学生的海洋意识，让更多的学生从小树立蓝色梦想，为祖国的海洋事业添砖加瓦。

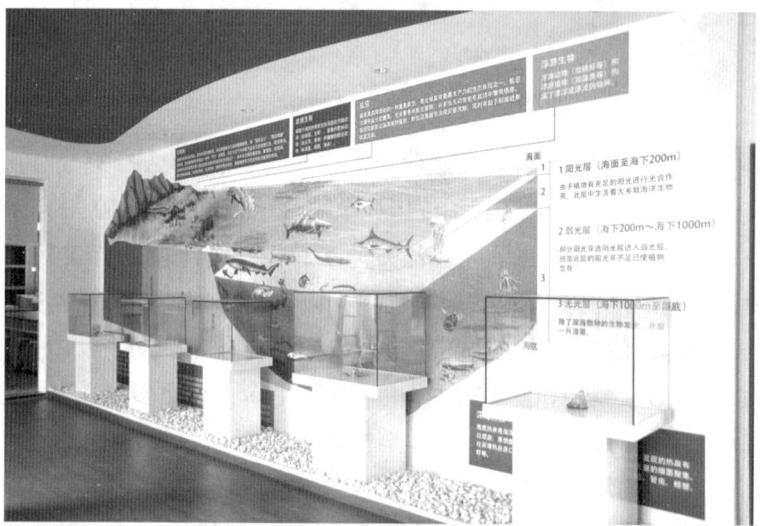

图 3-3 海洋科普课室内部设计

表3-1 我校订购海洋科普类书目清单(部分)

序号	书名	版别
1	"十万个未解之谜系列"《海洋之谜》	吉林科学技术出版社
2	"科学新导向丛书"《海洋生物：海中传奇》	成都时代出版社
3	"青少年'海洋梦'系列丛书"《海市蜃楼：海底世界》	合肥工业大学出版社
4	《可怕的自然灾害：海啸——愤怒的海洋》	广西美术出版社
5	《小学生趣味大科学——生命的摇摆 海洋》	吉林美术出版社
6	《爱上自然课：迷上海洋》	成都地图出版社
7	"奥妙科普系列丛书"《无尽的海洋世界》	吉林出版集团有限责任公司
8	《沧海桑田——海洋知识拾贝》	合肥工业大学出版社
9	《超级探险家训练营：穿越海洋》	成都地图出版社
10	《大探秘之旅：海洋的秘密》	成都地图出版社
11	《跟随史密斯去历险：海洋动物王国历险记》	贵州人民出版社
12	《孩子最爱问的十万个为什么·自然海洋世界》	黄河水利出版社
13	《海洋大探秘》	河北科学技术出版社
14	《海洋科普馆：风光旖旎的海洋岛屿》	天津科学技术出版社
15	《简明海洋文化普及读本》	中国海洋大学出版社
16	"舰船科普丛书"《海洋科考船》	上海科学技术出版社
17	《精卫填海——海洋污染与环境保护》	合肥工业大学出版社

续上表

序号	书名	版别
18	《酷科普·发现从这里开始：海洋动物大猎奇》	现代出版社
19	《酷科学·科技前沿：带你探秘海洋》	安徽美术出版社
20	"青少年自然科普丛书"《海洋奥秘》	台海出版社
21	《全民科普创新中国：海洋奇趣全纪录》	汕头大学出版社
22	《人体科普童话，红色海洋大漂移：循环系统》	陕西科学技术出版社
23	"认识海洋系列"《古往今来的经典海战》	安徽文艺出版社
24	"认识海洋系列"《生活在海洋中的动物》	安徽文艺出版社
25	"探索未知丛书"《海洋开发》	少年儿童出版社
26	《我最着迷的探索宝典：我最着迷的海洋世界探索宝典》	天津科技翻译出版有限公司
27	"现代科普博览丛书"《太空计划与海洋之谜》	黄河水利出版社
28	《新时代百科阅读：青少年着迷的海洋秘密》	山西经济出版社
29	《炫彩瑰丽的海洋万象》	山西经济出版社
30	"走进科学·海洋世界丛书"《海洋里的植物》	世界图书出版公司
31	"走向海洋丛书"《20世纪以来的潜艇》	世界图书出版公司
32	"走向海洋丛书"《20世纪以来的著名海战》	世界图书出版公司
33	"走向海洋丛书"《海上石油城：过去与未来》	世界图书出版公司
34	"走向海洋丛书"《海洋环保与海灾防范》	世界图书出版公司

续上表

序号	书名	版别
35	"走向海洋丛书"《海洋文明·西欧各国的海洋传奇》	世界图书出版公司
36	"走向海洋丛书"《人类海洋争霸史》	世界图书出版公司
37	"青少年'海洋梦'系列丛书"《走向深蓝——中国海洋之路》	合肥工业大学出版社
38	《孩子最需要科普书：我的第一本海洋知识小百科》	上海科学普及出版社
39	《科普进校园——我的第一套百科全书：海洋生命》	吉林科学技术出版社
40	《科学家或许是错的：大地与海洋》	大连出版社
41	《才学世界：神秘海洋之旅》	吉林美术出版社
42	《解密经典兵器·移动的海洋要塞：航空母舰》	吉林美术出版社
43	《奇妙的海洋课：海景观览车》	中译出版社
44	《少年儿童成长百科：海洋精灵》	现代出版社
45	《贝尔带你学生存·能力培养游戏书：深不可测的海洋》	接力出版社
46	《天才豆动物传奇：海洋精灵杜迪》	中国人口出版社
47	《我们的家园·寻找失落的海洋》原创海洋科普文学大系1：海虫王国	黑龙江少年儿童出版社
48	《我们的家园·寻找失落的海洋》原创海洋科普文学大系2：鹦鹉螺帝国	黑龙江少年儿童出版社

续上表

序号	书名	版别
49	《我们的家园·寻找失落的海洋》原创海洋科普文学大系3：翼鲨王朝	黑龙江少年儿童出版社
50	《我们的家园·寻找失落的海洋》原创海洋科普文学大系4：巨鱼传奇	黑龙江少年儿童出版社
51	《我们的家园·寻找失落的海洋》原创海洋科普文学大系5：烫板鲨别动队	黑龙江少年儿童出版社
52	《我们的家园·寻找失落的海洋》原创海洋科普文学大系6：消失的精灵王族	黑龙江少年儿童出版社
53	《我们的家园·寻找失落的海洋》原创海洋科普文学大系7：幻影龙侠	黑龙江少年儿童出版社
54	《我们的家园·寻找失落的海洋》原创海洋科普文学大系8：海王子	黑龙江少年儿童出版社
55	《我们的家园·寻找失落的海洋》原创海洋科普文学大系9：沧龙都来宝	黑龙江少年儿童出版社
56	《我们的家园·寻找失落的海洋》原创海洋科普文学大系10：巨鲸城邦	黑龙江少年儿童出版社

我们将科普教室所在区域教室外的走廊改造为海洋文化廊道，贴合教室门的海蓝色和海洋文化元素，统一采用蓝色和白色作为主色调，并在墙上陈列展示以贝类为主的海洋生物标本、知识挂图，营造海洋文化气息（见图3-4）。

图3-4 海洋科普教室外的海洋文化廊道

(三)校训主题墙设计

学校在进校门后的左边设置了理念主题墙"心港有容 志通四海",改造了校门正对的一面教学楼以及教学楼门厅大厅色调,以海洋的蓝白色调加上校训主题墙元素,校训墙于2023年9月建成。(见图3-5)

图3-5 学校理念墙

(四) 教学楼区域设计

在营造浓厚的海洋文化氛围的同时，在基础设施方面，我校努力打造亲海空间。在教学楼通道建设贝壳文化长廊（见图3-6)，通过贝壳文化图片宣传、贝壳实物分类、贝壳大问号拼装、亲海小景观打造等全方位展现海洋文化来提升学生爱海、亲海、护海的意识与行动力。

此外，在建设学校海洋文化环境的过程中，我校购买了大量的海洋科普类书籍（如表3-1），还有不少校友、家长向我校捐赠了海洋文化相关的书籍、贝壳等。他们的善举不仅丰富了学校的海洋教育资源，使学生们能够近距离接触和了解海洋的多样性和魅力，还深刻体现了校友对母校的深情厚谊和对海洋文化传承的责任感。通过这些实物和书籍，校友们、家长们努力为在校学生搭建了一座通往广阔海洋世界的桥梁，这不仅能够激发学生对海洋探索的兴趣和热情，同时也为学校的海洋教育和文化建设增添一抹亮丽的色彩（见图3-7至图3-13）。

图3-6 教学楼东面的贝壳文化长廊

图3-7 教室外墙的海洋知识走廊

图 3-8 学校螺旋梯贝壳景观

图 3-9 贝壳亲海小景观夜景

图 3-10 亲海小景

图 3-11 海洋美术室

图 3-12 贝壳大问号拼装

图 3-13 校友向学校捐赠贝壳

三、卡通形象打造

对于小学生而言,卡通形象如同魔法般令人着迷,因为它们能够凭借其特质迅速吸引孩子们的注意力,所以成为学校办学思想传播的有力媒介。这些可爱的卡通形象,不仅能够为学校的形象展示增添生动性与活力,还能巧妙地将思想教育融入其中,使学习过程变得既有趣又富有深度。

(一)卡通形象设计

为深入推广海洋文化,并体现"容通教育"的核心理念,学校精心设计了两位卡通形象大使——"容容"和"通通"(见图3-14)。它们以海洋为主题,巧妙地融合了学校的文化内涵,成为我校海洋文化的生动代表。

海洋动物中海鸥和海豚是学生耳熟能详、具有亲和力的形象,海鸥翱翔海天、视野开阔、志向高远,取名"容容";海豚畅游四海、乘风破浪、勇往直前,取名"通通",象征着学生"心有容量,志通四海"的精神。学校文化通过它们能够很好地得到诠释。因此我校以海鸥(容容)、海豚(通通)为主题,进行拟人化设计,保留动物形象中的鱼鳍、鱼尾、鸟翅、鸟脚等特征,适当夸张头部及表情,与当代流行艺术相结合,用线条的交错、叠加,以及色块的填充、渐变,经过艺术加工,最终形成了此系列卡通形象作品,主要运用于学校校园装饰、学生用品开发、学校对外宣传等相关衍生产品。我校对此卡通形象向国家版权局申请了原创法人作品版权。

图 3-14 容容和通通

在主卡通形象基础上,我校还开发了系列卡通形象(见图 3-15):

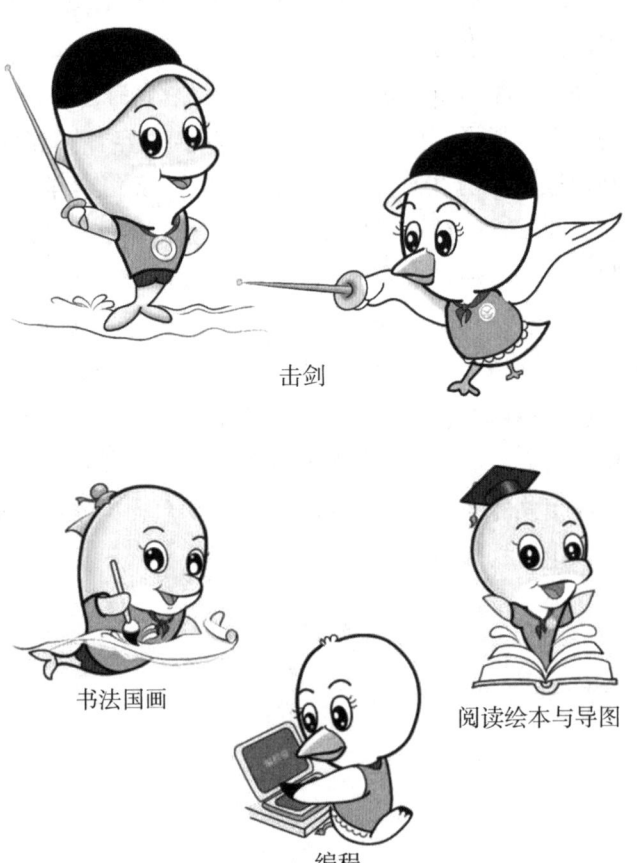

击剑

书法国画

编程

阅读绘本与导图

图 3-15 系列卡通形象

(二) 卡通形象运用

在校园中,"容容"和"通通"两位卡通大使无处不在,它们以各种形式出现在孩子们的视野中。在教学楼的入口处(见图3-16),它们热情洋溢地迎接着每一位到访的宾客,给人们留下深刻的印象。而在课堂上,这些卡通形象则化身为动画表情包,为孩子们的学习增添了无限乐趣。此外,它们还经常以展示牌的形式出现在校园的各个角落,无声地传递着海洋文化和"容通教育"的精髓。

通过这些丰富多彩的展示形式,"容容"和"通通"不仅让海洋文化和"容通教育"理念深入人心,更激发了孩子们对知识的渴望和对未来的憧憬。它们成为连接学校与孩子们心灵的桥梁,为孩子们的成长之路增添了一抹亮丽的色彩。

图3-16 "海洋之门"教学楼入口

1. 宣传彩页

学校印制了"海洋文化·容通教育"宣传彩页,以便学生了解并理解学校的主要办学思想和办学理念(见图3-17)。

图 3-17 宣传彩页效果

2. 卡通宣传片

为完整宣传推广"海洋文化·容通教育"的文化内涵和工作成效,我校积极规划拍摄卡通宣传片。

该卡通宣传片以"新港有容 志通四海"为主题,以学校卡通形象——海鸥(容容)和海豚(通通)作为串联,通过教师、学生、校长等真人出镜,以卡通人偶结合实景的游园之旅,让观众在容容和通通、学生和教师的带领下参观、感受新港中路小学的海洋文化办学实践与办学特色。画面风格欢快、灵动,充满热情和希望。镜头简洁,全景和特写结合,主题突出。

宣传片分为三个部分:第一部分为"海之缘起·和而不同",介绍学校文化体系,展示校园特色环境;第二部分为"海之潮向·志通四海",展示学校的海洋文化特色课程和活动;第三部分为"海之力量·海纳百川",介绍学校海洋文化下的校家社协同育人工作(视频脚本如下)。

"新港有容 志通四海"卡通宣传片拍摄脚本

【引 入】

开场字幕:新港有容 志通四海——广州市海珠区新港中路

小学（校门）

　　背景音乐：欢快、情感逐步堆叠的音乐，如钢琴曲 *How Far I'll Go*。

　　场景一：容容和通通互相追逐着欢快亮相。（蓝色海洋背景）

　　容容、通通：大家好！我是容容（容容说），我是通通（通通说）。

　　场景二：容容和通通共同转动地球仪，定格在东经113°326′、北纬23°103′。

　　容容、通通（指着地球仪的特定一点）：我们来自东经113°326′、北纬23°103′。

　　场景三：地球—亚洲—中国—广州—定格到学校大门后镜头快进看云卷云舒、日出日落。（校门延时摄影）

　　容容、通通：这里是我们热爱的学校——新港中路小学。

【第一部分】

　　开场字幕：海之缘起·和而不同（校门）

　　背景音乐：呈上。

　　场景一　播放广州港口（太古仓码头、白鹤洞码头、新洲码头、黄埔古港）水上交通及货运场景，然后画面定格为学校全景图，出现大字幕：学校全景图。

　　容容：新港中路小学坐落于新港通达的海珠核心地段。这里是货通四海、人聚九州的会展之路；这里是面向国际风云、引领技术创新的科技之路；这里是广州新中轴线，面朝大海，春暖花开。

　　通通：海港、珠江入海口、海外贸易、丰富的海洋科普活动，让新港中路小学与海洋结下深刻的情缘。学校在近30年的办学中不断汲取海洋文化精髓，确立了"海洋文化·容通教育"的办学思想（大字幕：海洋文化　容通教育），"容心容德　通才通志"的办学精神（大字幕：容心容德　通才通志）。

　　场景二　容容和通通走向学校大门后面向观众。

　　容容（做介绍的动作）：学校将校门设计成帆船在海浪中坚

毅前行的造型，让师生从进入校门的第一刻开始就浸润在海洋文化的氛围中。

通通（跳跃状）：接下来，请跟随老师和同学的脚步来一次快乐的游园之旅吧！

场景三　运镜：校门——雕塑。（相关视频）

学生A：（从校门走向雕塑）这是海洋文化主题雕塑——《翔》，寓意海鸥在大海上勇敢地与风浪搏击，迎着太阳，展翅飞翔，象征着勇敢、坚强和奋发向上。

场景四　运镜：教学楼全景——校徽。（相关视频）

学生B：（从雕塑走向教学楼）教学楼上的校徽雕刻用蓝与白的海洋颜色、海鸥与海浪的海洋元素，向我们述说着校园文化的生机与活力。

场景五　运镜：教学楼走廊——海洋科普教育基地。（相关视频）

容容（做招手的动作）：请跟上我们的脚步，一起参观自然资源部南海生态中心与学校共建的海洋科普教育基地，它也是我国最南端的国家野外科学观测研究站"海南南沙珊瑚礁生态系统国家野外科学观测研究站"的科普基地。

场景六　海洋科普教室、海洋科普宣传长廊。

学生C：我校的海洋科普教育基地分为教学区、阅读区和展示区。教学区又分为综合电教室、电脑室和广播室，配备多功能教学一体机、多媒体展示屏、录音录像设备，以及实验桌椅。

学生D：在阅读区，各类海洋主题科普图书开阔了我们的眼界，更拉近了我们与海洋的距离。

通通：我最喜欢观赏海洋科普宣传长廊里的各类标本展柜，看这些别具特色的海洋生物标本，与海洋主题背景版图、世界海洋地图、中国海洋地图在一起，让我们犹如置身于海洋之中。

【第二部分】

开场字幕：海之潮向·志通四海

背景音乐：可择取轻快、抒情的歌曲。（如久石让创作的《能看见海的街道》）

场景一：展示学校的"海洋教育第二课堂"等海洋教育课程。（相关照片或视频）

容容、通通：看，同学们正在上海洋文化课。

教师A：我校借助外部科研单位的资源优势，开展了丰富多彩的海洋科普、海洋防灾减灾、海洋旅游、海洋法律等海洋主题第二课堂，带领学生遨游海洋世界。

场景二：展示学校的海洋实践课程活动。（相关照片或视频）

学生E：我们也会在老师的带领下走出校园，开展海洋垃圾来源调查和清理等实践活动，在近距离接触海洋的过程中，树立关爱海洋的观念，以实际行动保护海洋环境。

场景三：展示学科融合课程实践成果。（相关照片或视频）

教师B：语文、艺术、科学等学科教师围绕着不同的海洋文化教育内容，组织学生开展了"蓝色海洋畅想未来"征文比赛、"我心中的海洋"长卷画绘制、船模比赛等"海洋+学科"融合课程活动，培养了学生的核心素养。"海洋总动员"主题项目式闯关活动更是将海洋主题融入学科评价中，受到了师生的广泛好评。

场景四：展示珊瑚礁"小小讲解员"培训活动。（相关照片或视频）

学生F：我们学校的海洋文化社团活动也开展得有声有色，珊瑚礁"小小讲解员"系列社团活动就为珊瑚礁主题科普教室储备了一批优秀的学生讲解员。

场景五：展示击剑活动。（相关照片或视频）

教师C：击剑是我们学校的海洋特色体育项目，击剑项目的精神内涵诠释了海洋文化的精神力量，既要有"容"的心态，宽容从容，更要有"通"的行动，面对变化快速判断。

场景六：学校荣誉墙。（相关照片或视频）

教师D：在海洋文化教育的统领及全校师生的共同努力下，我校先后荣获广东省绿色学校、广州市智慧阅读实验校、广州市体育传统项目重点学校等殊荣；在各类海洋文化校本课程和活动中，学生的综合素养得到了全面提升，成为有包容之心、兼容之学和从容之行的容通学子。

【第三部分】

开头字幕：海之力量·海纳百川

背景音乐：可择取温暖、喜悦的歌曲。（如久石让创作的《四季更迭》）

场景一：展示学校与周边单位的共建工作开展情况。（学校与其他单位合作开展相关交流、科普活动的照片或视频）

学生G：看，自然资源部南海局等部门和单位的叔叔、阿姨们为我们带来了别开生面的科普讲座。"大话通信奥秘　揭秘摩斯电码""珊瑚礁保育""学习海洋法律知识，争做海洋小卫士"等讲座让我们对海洋的了解更加深入和系统。

场景二：展示学校的师资培养情况。（相关教师培训照片）

教师E：我校还与共建单位科研团队合作，以海洋方面的专家领衔，组建了海洋文化教育导师团，将他们请进学校，面向教师实施"名师""优师"培养工程，形成海洋文化教育优师梯队，为海洋文化课程和活动的实施提供了保障。

场景三：展示学校家校共育的工作情况。（家长志愿者服务队、家长进学校、家长进课堂、家长会等相关照片）

教师F：家长是学生的好榜样，也是学校教育最得力的同行者。在开展常规家校活动的同时，我校组建了家长海洋文化教育服务队，并详细划分各个部门，他们各司其职，相互包容，有效沟通。

容容、通通：感谢你们与新港中路小学一起助力我们成长为兼具家国情怀、学识个性、拼搏精神与健康体魄的可持续成长的人。

【结　束】

场景：雕塑（《翔》）旁。

校长（容容、通通站在两旁）："海阔凭鱼跃，天高任鸟飞"，新港中路小学将持续汲取海洋文化的精髓，传递"有容乃大"的精神力量,在素质教育改革的大海上,乘风破浪,驶向更美好的明天!

字幕:新港中路小学欢迎您!

第三节 班级海洋文化环境创设视角

班级环境文化的创设是学校教育的重要组成部分,它有助于营造积极的学习氛围,激发学生的学习兴趣,培养团队精神和创造力。班级环境文化的创设可以从明确主题、环境布置、学生参与、功能区域、互动元素、教育资源、文化融合等方面进行。特色主题丰富多样,可以是海洋探索主题、自然生态主题、科技未来主题、多元文化主题、环保主题等。在班级环境中创设海洋文化,不仅能为孩子们提供一个丰富多彩、富有探索性的学习空间,还能激发他们对海洋的热爱和保护意识。

一、班级海洋环境文化创设的指引

班级海洋环境文化的创设可以从物质环境建设、制度环境建设、精神环境建设三个角度进行。

(一)物质环境建设

教室布置:班级可以在教室的布置上融入海洋元素,如使用蓝色系作为主要色调,布置海洋生物的挂画、模型等,让学生在进入教室时就能感受到浓厚的海洋氛围;同时,可以设置"海洋角",展示学生制作的海洋主题手工艺品、绘画作品等,激发学生的创造力和对海洋的兴趣。

主题明确:海洋文化环境创设应围绕海洋这一主题展开,通过各种元素和细节,让孩子们感受到海洋的魅力和神秘。

多元融合:在创设过程中,要注重多元文化的融合,让孩子们了解不同海域的文化特色,培养全球视野。

教育意义:海洋文化环境创设应具有一定的教育意义,能够引导孩子们认识海洋、了解海洋、保护海洋。

互动性：创设的环境应具有互动性，让孩子们能够亲身参与、动手操作，激发他们的创造力和想象力。

可持续性：在材料选择和创设过程中，要注重环保和可持续性，引导孩子们养成良好的环保习惯。

（二）制度环境建设

班级可以制定与海洋相关的班级制度，如"海洋环保公约""海洋知识竞赛规则"等，让学生在学习和生活中都能感受到海洋文化的氛围；同时，可以设立"海洋之星"等荣誉称号，表彰在海洋文化学习和实践中表现突出的学生，激发学生的学习积极性。

（三）精神环境建设

海洋精神培育：班级可以通过讲述海洋英雄故事、组织观看海洋主题影片等方式，培育学生的海洋精神，如勇敢、探索、包容等；同时，可以引导学生关注海洋问题，如海洋污染、海洋资源枯竭等，培养学生的环保意识和责任感。

海洋文化传承：班级可以通过组织学生参与海洋文化遗产的保护和传承活动，如参观海洋博物馆、海洋文化展览等，让学生了解和传承海洋文化；同时，可以鼓励学生创作海洋主题的作品，如诗歌、绘画、音乐等，表达对海洋的热爱和向往。

海洋国际视野：班级可以引导学生关注国际海洋事务和海洋政策，培养学生的国际视野和全球意识；同时，可以组织国际交流活动，如与海外学校进行海洋文化交流、参加国际海洋节等，让学生有机会接触和了解不同国家的海洋文化。

通过以上三个方面的建设，班级可以逐步形成一个具有海洋特色的文化环境，让学生在这样的环境中学习、成长和发展。

二、班级海洋文化环境创设的范例

为了全面总结和广泛推广我校在班级文化建设方面的卓越实

践，我们致力于深入挖掘和发挥海洋文化的育人功能，以文化之力塑造学生品格，培育他们成为具有良好思想品德的新时代青少年。

要让每一位师生、家长都能深入领悟并践行容通教育的办学理念，就要让办学理念在日常的教育教学生活中落地生根。于是，我校德育处开展了基于"求真务实"框架下的班级文化创建活动。通过工作研讨、家校共建、特色展示等活动，我校的班级文化创建开展得如火如荼，涌现了众多特色鲜明的示范班级，二年级（2）班"活力阳光班"就是其中的一个代表。

二年级（2）班"活力阳光班"班级文化环境创设

一、"活力阳光"的由来

初升的太阳，虽不耀眼，但有自己的光芒；初生的牛犊，虽不健壮，但有不怕虎的精神。习近平总书记曾寄语少年儿童："志向是人生的航标。"一个人要做出一番成就，就要有自己的志向。一个人可以有很多志向，但人生最重要的志向应该同祖国和人民联系在一起，这是人们各种具体志向的底盘，也是人生的脊梁。少年儿童应努力成长为能够担当民族复兴大任的时代新人。

海珠区新港中路小学2019届活力阳光班的学生们正是以此为目标而奋斗。活力阳光班把"有志者事竟成"的思想融入课堂和实践中，通过特色系列主题教育，引导阳光活力少年践行社会主义核心价值观。例如，"向国旗敬礼""红色基地来打卡""童眼看党史"等爱国主义教育；"我是小小志愿者"爱校教育；"崇尚英雄，致敬英雄"理想信念教育。这些系列活动让少先队员们了解到建党100周年来，无数共产党人不怕牺牲，无惧困难，艰苦奋斗，带领着全国人民，建立了新中国，取得了建设有中国特色的社会主义国家的辉煌成就。少先队员们纷纷立志要以报效祖国为己任。活力阳光班的班名正体现了对同学们的期许——活力阳光，身心健康，从小立志，报效祖国。

二、活力阳光班班徽、班旗

三、活力阳光班班训

活力阳光

勤学好问

团结友爱

勇于创新

乐观向上

四、活力阳光班口号

身体充满活力、心中满载阳光

五、活力阳光班班风

传承经典、浸润童心

六、创设乐观和谐的班级精神文化

教会学生如何做人很重要，尤其是做一个有责任感的人、勇于担当的人。班级应培养学生学会关心他人，从关心自己的父母开始，关心身边的人，关心集体，关心学校……目标是把学生培养成富有责任感、勇于担当的新时代小公民。

班级应培养学生的主动性。要充分调动学生学习的积极性、主动性，让学生学会学习。班级管理中也要充分调动学生的主动性，让每个学生都认识到自己是班级的主人，班级的管理靠大家，班干部就是班级的领导者。

班级应培养学生的创新精神。重视班级中每个学生个性的健康发展，注重发展学生的兴趣爱好，从而最大限度地开发学生的创造力。尽最大力量去关注学生成长和发展的每一点进步，帮助学生发现自己、肯定自己。常跟孩子们说"我们要一天比一天有进步""做今天最好的自己"……形成班级凝聚力。班级凝聚力最能调动一个班级学生的情感。利用一年一次的校运会、歌唱节活动，每月的中队活动、年级竞赛等各种活动，让每位学生都参与其中，让他们懂得每一个人都应为班集体出一份力。充分利用这些活动培养学生吃苦耐劳的精神和团队合作的意识，培养集体荣誉感。通过这些活动，同学们增进了友谊，加深了了解，班级凝聚力也显著增强，可谓收获不小。

七、创设丰富多彩的班级物质文化

班级物质文化是指通过对所在班级环境的设计、布置以及在此过程中的相关要求而形成的一种文化形态。它是班级文化建设的"硬件"，也是班级文化的载体。活力阳光班非常重视通过丰富多彩的班级物质文化建设活动来形成良好的班风，营造出和谐、积极向上的班级教育氛围。班级物质文化具有"桃李不言，下自成蹊"的特点，使活力阳光学子们在不知不觉中受到熏陶，不断成长。

活力阳光班设计了以下板块。

优秀作品展：课室的墙壁上布置了两块展板，用来展示学生的美术作品、书法作品或写话等优秀作品。

童眼看党史：设立"党史角"，在中国共产党成立100周年之际，通过党史的宣传介绍，让少先队员们了解共产党光辉的历程。

班规我执行：班规的张贴是为了时时提醒班集体中的每一位同学都要认真阅读，铭记于心，坚决执行。

"图书角"飘书香："图书角"里面有适合学生年龄段的图书，同学们课余的时候都可以在"图书角"看书。

课室的后面设立了"卫生角"。卫生用品、栽花小工具都要摆放整齐。

课室的前门和后门也是精神文明建设阵地的所在。课室前门上张贴着励志名言，每天提醒着学子们"有志者事竟成"。课室后门是班集体的全家福。每一个同学入学之初，都将立志奋发学习的照片张贴在大门照片墙上，照片中他们笑脸绽放，信心满满。

活力阳光班的目的是让每一堵墙都"说话"，它们是根据学生的年龄特征和班级特点精心设计的。教室的布置兼顾学校共性与班级个性，创设了活力阳光班独特的风格。同时，鼓励和引导学生参与班级文化建设，在参与的过程中，学生们对班级有更多的认同感。通过出主意制作和布置课室的过程，同学们都更爱班级，更爱学习了。

这些无声的事物所散发出的文化气息使学生受到感染和熏陶，构成了教育和教学的外部文化环境，增添学生学习生活乐趣，消除学习的疲劳，养成文明行为习惯，培养正确审美观，增强班级向心力、凝聚力，激发学生爱班爱校的热情。

八、建设完善的班级制度文化

俗话说："不以规矩，不成方圆。"班级制度是班级文化建设的保障，是形成良好班风的必要条件，也只有在制度的规范下，学生才能更好地发展。因此，我校对班级制度文化建设尤其重视。活力阳光班主要以《小学生守则》《小学生日常行为规范》和《新港中路小学一日常规》为依据，结合班级实际情况制定了以下制度：活力阳光班班规、班干部要求、文明礼仪要求、学习常规、考勤常规、卫生值勤等。通过这些规章制度来保证班级文化的顺利建设，引导学生在班级文化建设过程中形成良好的道德观、价值观。在班级制度的约束下，班级文化氛围在学生行为上得到具体体现。同时，让每个同学都有最少一个任务，承担一个责任，这样每个同学每天回到学校都很有归属感，都能很积极地投入到自己负责的事情当中去。班级积极、乐观、和谐，环境氛围好了，学生热情主动了，同时带动身边其他学生一起进步。

九、推动家长参与共建班级文化

家校合作、家校共育体现在活力阳光班的日常之中。在组建班集体时，活力阳光班就把家长们联合了起来。第一步是组建家委会，邀请热心家长参与班级管理。开学第一天活力阳光班就召开了第一次家长委员会。第二步是让家长们明确他们需要参与什么，需要如何参与。活力阳光班制定了家长委员会详细分工安排和制度要求。第三步是让家长们逐步参与到班级文化建设的事务中。在家长参与的过程中，孩子们也受到感染，感觉自己的父母能为班集体出力是很光荣的。家长们在工作之余，抽空参与学校的活动，他们的积极乐观、无私奉献也深深地影响到了学生们，这对学生们形成了非常好的正面引导。

十、班级文化活动

（一）"童心向党"系列活动

2021年是中国共产党建党100周年，红色基因代代相传。作为社会主义的接班人，我们活力阳光班的每一位少先队员都积极投入到红色学习当中。"童心向党"系列活动开展了2期，"红色基地打卡""党史故事我知道""我和国旗合个影"……同学们在每一个活动中都更了解中国共产党，在每一个活动中都更热爱我们伟大的祖国。

（二）齐抗"疫"线上主题班会活动

2020年春节，突如其来的疫情让我们的开学时间延迟了。在线上课堂期间，我们活力阳光班除了参加线上授课之外，还进行了一系列的停课不停学的主题活动。

齐抗"疫"系列活动开展了7期，通过"在家做父母的小助手""制作抗'疫'手抄报""种植小植物"等多个活动来引导学生学习锻炼与劳动，充实在家的学习生活。活力阳光班的同学们在疫情期间，不仅接受了文化知识教育，还接受了劳动教育、感恩教育、美育教育等。

（三）传统节日主题活动

每逢传统节日，活力阳光班都会开展相应的班队活动，有效引导同学们参与，起到良好的带动作用。节日篇系列活动开展了4期，母亲节制作爱心贺卡，元宵节做灯笼、猜灯谜……学生们在活动中感受节日的快乐。

十一、活力阳光班班主任

张爱芬：海珠区中队辅导员中心教研组成员、海珠区名班主任沈琪琦工作室学员。

曾获荣誉：

2019年所带班级"活力阳光班"荣获广州市新港中路小学2019年校运会"优秀组织奖"。

2019年至今所带班级"活力阳光班"连续三个学期被评为"广州市新港中路小学文明班"。

2020年所带班级"活力阳光班"荣获广州市新港中路小学2020年校运会"最佳表演奖"。

2021年所带班级"活力阳光班"荣获"海珠区第三届中小学班级文化建设示范班"展示活动一等奖。

2021年所带班级"活力阳光班"在广州市新港中路小学"童声颂党恩，经典润童心"演唱比赛中荣获"最受欢迎奖"。

备注：此部分内容由张爱芬老师提供

第四章 铸海魂：容通德育海纳百川

在广袤无垠的海洋中，每一滴水都蕴含着生命的力量，每一道波澜都彰显着自然的智慧。正如我校的容通德育理念，我们致力于培养每一位学生具有如海洋般宽广的胸怀、包容万象的品德，汇聚点滴智慧，成就卓越人生。在这里，我们鼓励学生像海洋一样，既拥有深邃的内涵，又拥有广阔的视野，既能够容纳不同的声音，又能够发出独特的回响。学生与我们携手共进，在"海洋文化·容通德育"的浸润下，扬帆起航，在知识的海洋中乘风破浪，铸就辉煌的海魂。

第一节 容通德育理念与实践

我校在容通德育主题内容的规划上，注重培养学生的自我关怀、主动成长意识，以及良好的道德品质和行为习惯。学校通过设计多样化的德育主题活动，让学生在参与中感受中华民族的传统美德和时代精神。学校还结合学生的年龄特点和心理需求，制定不同年级的德育内容，确保德育工作的针对性和实效性。同时，我校注重将德育理论与实践相结合，充分利用校内外资源，组织学生参与各类社会实践活动、志愿服务活动等，通过丰富多彩的实践活动，让学生在体验中学习和成长，在实践中感受社会、了解社会、服务社会。同时，学校还注重发挥学生干部在班级管理中的骨干作用，通过班级活动、团队活动等形式，培养学生的自我管理和自我教育能力。

一、容通德育理念

（一）包容与尊重

在海洋文化教育这一广阔而深邃的领域里，我校提出了"容通德育"的核心理念，其中，"包容与尊重"作为该理念的核心要素之一，被赋予了新的时代内涵与教育使命。

我们深知，海洋是地球上最为浩瀚、最为神秘的生命摇篮，它孕育了无数形态各异、色彩斑斓的海洋生物，也塑造了复杂多变的海洋环境。因此，在海洋文化教育的过程中，我校始终将"对海洋生物、海洋环境等多元文化的包容与尊重"作为教育的出发点和落脚点。我们不仅要求学生掌握丰富的海洋知识，更要求他们学会以一颗敬畏之心去审视这片蓝色的家园，去理解每一种海洋生物的独特价值，去感知每一片海域的生态之美。

为了实现这一目标，我们精心设计了多样化的教学方法与活动。通过生动具体的案例分析，学生们能够直观地看到包容与尊重在海洋生态保护中的重要作用；而在角色扮演的活动中，学生们更是能够亲身体验不同海洋生物的生活状态，感受它们与环境的紧密联系，从而在内心深处萌发出对自然万物的深切同情与尊重。

更为重要的是，我们不仅仅满足于在课堂上传授这些理念，更致力于引导学生将"包容与尊重"的价值观融入日常生活的每一个细节之中。无论是对待身边的人，还是对待自然界的一草一木，我们都希望学生们能够以一颗宽容的心去接纳，以一份尊重的态度去对待。这样，我们的教育才能真正达到"以德育人、以文化人"的崇高境界，为培养具有全球视野、生态意识的新时代青少年贡献出我们的力量。

（二）合作与共赢

合作与共赢是我校海洋主题团队活动的核心理念之一。我们深知，在浩瀚无垠的海洋世界里，无论是探索未知的深海奥秘，还是守护脆弱的海洋生态，都离不开团队紧密无间的合作与默契。因此，在丰富多彩的海洋主题团队活动中，我们特别强调并致力于提升学生的团队协作能力。

为了实现这一目标，我们精心设计了一系列分组合作的活动，让学生们在共同完成任务的过程中，去亲身体会团队协作的作用。这些活动既充满了挑战性，又充满了趣味性，能够充分激发学生的积极性和创造力。在分组合作中，学生们需要相互沟通、相互支持，共同面对困难、解决问题，从而在不断磨合中增进彼此的了解与信任，逐渐形成坚不可摧的团队精神。

更为重要的是，通过这些活动，学生们能够亲身体验到共赢的快乐。当团队齐心协力、攻克难关，最终圆满完成任务时，那份由衷的喜悦和成就感是任何个人努力都无法替代的。这种共赢的体验不仅能让学生们深刻认识到团队合作的重要性，更能让他们在实践中树立强烈的集体荣誉感，明白个人与集体之间密不可分的联系。

总之，我们希望通过这些活动，培养出更多具有团队精神、懂得合作共赢的优秀学生，为他们的未来成长奠定坚实的基础，也为海洋文化的传承与发展贡献我们的力量。

(三) 进取与创新

进取心与探索精神是推动人类不断前行的重要动力，也是学生们成长道路上不可或缺的宝贵品质。我校秉持"进取与创新"的理念，鼓励学生们勇敢地迈出步伐，积极参与各类海洋探索活动。我们也致力于通过各种方式，激发学生们的内在潜能，让他们对海洋充满好奇与向往，勇于挑战未知，不断追求卓越。

为了将这一理念落到实处，我们特别设立了海洋创新项目，如海洋科技创新竞赛、海洋文化创意设计等，为学生们搭建了一个展示自我、挥洒创意的舞台。在这些项目中，学生们可以充分发挥自己的想象力和创造力，将所学知识与实际应用相结合，探索海洋科技的无限可能，设计出既具有创新性又富有文化内涵的海洋作品。这样的实践活动不仅提高了学生们的动手能力和问题解决能力，更让他们在实践中体会到了创新的乐趣和成就感。

为了让学生们更加深入地感受创新的魅力和价值，我们还会定期举办创新成果展示和创新经验分享等活动。在这些活动中，学生们可以展示自己的创新成果，分享自己的创新历程和心得体会，相互学习、相互启发，共同探索创新的奥秘。同时，我们也邀请行业专家、学者以及企业代表等参与点评和指导，为学生们提供更加专业、全面的反馈和建议，帮助他们不断提升自己的创新能力和水平。

在实施过程中，我们始终注重活动的多样性和趣味性，力求通过丰富多彩的活动形式和内容，吸引学生们积极参与。同时，我们也加强了对活动的组织和指导，确保活动顺利进行并取得实效。我们建立了完善的活动管理体系和评估机制，对每一个活动都进行精心策划和周密安排，确保活动能够有序进行，达到预期效果。

此外，我们还积极寻求与其他学校、社区和企业的合作机会，共同推动海洋文化教育和容通德育理念的实施。我们与多所兄弟学校建立了紧密的合作关系，共同开展海洋主题教育活动；与社区和企业合作，为学生们提供实践基地和实习机会，让他们在实践中更加深入地了解海洋、热爱海洋。通过这样的合作与交流，我们不仅能够共享资源、优势互补，还能够共同推动海洋文化教育的创新发展，为培养更多具有进取心和创新精神的优秀人才贡献出我们的力量。

二、容通德育主题

结合学校海洋文化办学实践，学校容通德育主题围绕以下两个方面进行规划和设计。

(一) 海洋文化认知与尊重

1. 海洋知识普及

在我校,海洋不仅是知识的宝库,更是德育的沃土。我们深知,每一滴海水都承载着自然的智慧,每一处海域都蕴藏着生命的奥秘。因此,我们将德育融入精心打造的一系列海洋教育活动中,旨在通过启迪学生的智慧,播种对海洋的热爱与梦想,培养他们成为具有全球视野、生态意识和社会责任感的新时代青少年。

海洋科普讲座,是我们传递知识、激发思考的起点。在这里,国内外知名的海洋专家与学者用他们深厚的学术底蕴和丰富的实践经验,为学生们勾勒出海洋的壮丽画卷。他们不仅讲述海洋的地理奇观、生态奥秘,更引导学生深入思考人与自然的关系,培养他们尊重自然、保护环境的意识。这些讲座,如同一粒粒种子,在学生心中生根发芽,让他们明白保护海洋就是保护我们共同的家园。

海洋科普展览,则是让学生直观感知海洋魅力、触摸生命奇迹的桥梁。在这里,学生们可以目睹珊瑚礁的绚丽多彩、鱼群的欢快游弋,甚至通过显微镜探索微生物的微观世界。这些生动的展示,不仅增强了学生对海洋多样性的认识,更激发了他们对自然美的欣赏与敬畏,培养了他们对生态环境的爱护之情。

而海洋知识竞赛,则是我们寓教于乐、激发学生潜能的重要方式。通过激烈的角逐,学生们在轻松愉快的氛围中检验并巩固了海洋知识,同时也锻炼了他们的逻辑思维和快速反应能力。每一次成功,都是对他们学习成果的肯定,也是对他们自信心的提升。这样的竞赛,让学生们在探索未知、勇攀知识高峰的过程中,更加坚定了对海洋的热爱与保护之心。

我们的海洋教育活动不仅是一次知识的盛宴,更是一次心灵的洗礼。我们希望通过这些活动,让学生在学习海洋知识的同时,培养对海洋的深厚情感与尊重,让他们成长为具有全球视野、生态意识和社会责任感的新时代青少年,共同为守护我们美丽的蓝色星球贡献自己的力量。

2. 海洋生态教育

海洋不仅是生命的摇篮,更是我校德育教育活动实施的广阔舞台。我们通过一系列多维度、深层次的实践活动,旨在培养学生的海洋生态保护意识,提升他们的行动能力,让环保理念在他们心中生根发芽。

实地考察,是我们引导学生走近海洋、感知自然的第一步。我们组织学生走进海洋馆,让他们近距离观赏海洋生物的奇妙世界,通过专业讲解与互动问答,点燃他们对海洋生态的好奇之心,激发他们探索未知的勇气。同时,海岸线实地考察更是让学生亲身体验到海洋与陆地的和谐共生,理解自然力量的相互作用,以及人类活动对海洋环境的深远影响。这样的体验,不仅培养了学生对自然的敬畏之心,更增强了他们保护环境的责任感。

为了培养学生的实践技能与科研思维,我们精心设计了海洋生态观察实验。通过海洋生物小养殖计划,学生亲手培育海洋生物,从日常照料到观察记录,全方位学习生物生长与生态关系等知识,耐心与细心程度均得到提升。同时,水质监测实验的引入,让学生学会了使用专业工具进行水质分析,探讨了水质变化的原因与改善策略,锻炼了他们的环境监测与数据分析能力。这些实验,不仅丰富了学生的科学知识,更培养了他们的科研精神与创新能力。

我们还紧密结合国际纪念日,如环保日、地球日等,策划了一系列海洋环保宣传活动。通过主题演讲、海报设计、环保微电影等形式,学生得以表达自己对海洋保护的思考与倡议,将环保理念融入日常生活。同时,我们组织学生参与海滩清洁、海洋垃圾分类回收等公益活动,与社区、环保组织携手合作,将环保教育转化为实实在在的行动。这样的活动,不仅增强了学生的社会责任感,更让他们在实践中体会到了团结协作的力量,成为了未来海洋生态保护的积极力量。

通过这些实地考察、科学实验与环保行动相结合的教育策略,我们不仅丰富了学生的海洋科学知识,更在他们心中播下了环保的种子。我们坚信,这些具有环保意识、行动能力的新时代青少年,将成为守护我们蔚蓝海洋家园的中坚力量,共同书写人与自然和谐共生的美好篇章。

(二) 海洋文化实践与体验

1. 海洋主题活动

为了深化学生对海洋文化的理解,培养他们的环保意识,我们精心策划了一系列丰富多彩的海洋主题活动(见表4-1),旨在通过实践、游戏与分享,全方位提升学生的海洋素养。

一是我们发起了海洋环保行动,包括海滩清洁日和海洋垃圾分类挑战赛。在海滩清洁日中,我们组织学生前往附近的海滩,开展一次别开生面的清洁活动。学生们被分成不同小组,手持垃圾袋和夹子,沿着海岸线仔细搜寻并清理各类垃圾。通过亲身参与,学生们深刻体会到了海洋污染的严重性,以及每个人在保护海洋环境中所能发挥的重要作用。在清洁活动结束之后,我们还举办了一场海洋垃圾分类挑战赛。学生们学习如何正确对海洋垃圾进行分类,如塑料瓶、渔网、烟蒂等,并在限定时间内完成分类任务。这一活动不仅提升了学生的环保意识,还提升了他们的团队协作与快速应变能力。

二是我们组织了海洋探索竞赛,通过海洋知识问答赛和海洋寻宝大冒险等寓教于乐的活动,让学生们在紧张刺激的氛围中增长海洋知识,感受海洋文化的无穷魅力。这些活动不仅考验了学生们的观察力、判断力和团队合作能力,更激发了他们对海洋世界的无限好奇与探索欲。在海洋知识问答赛中,我们精心准备了一系列涵盖海洋生物、地理、历史等方面的趣味问题,通过抢答、小组对抗等形式,让学生在紧张刺激的氛围中增长海洋知识,感受海洋文化的博大精深。在海洋寻宝大冒险活动中,我们结合地理信息与海洋文化元素,设计了一场别开生面的寻宝游戏。学生们根据线索提示,在校园或户外寻找隐藏的"海洋宝藏"。这一活动不仅考验了学生的观察力、判断力，还让他们在探索中更加深入地了解海洋文化，体验探索的乐趣。

三是我们还召开了海洋主题班会，为学生们提供了一个分享心得、交流感悟的平台。在班会课上，我们鼓励学生分享自己在海洋文化学习中的所见所闻、所思所感。无论是海洋生物的奇妙习性，还是海洋历史的波澜壮阔，都将成为学生们交流的话题。通过分享，学生们不仅加深了对海洋文化的理解，还增强了班级的凝聚力与归属感。在班会的尾声，我们引导学生撰写海洋保护倡议书，鼓励他们将自己的环保理念与实际行动相结合，向全校师生乃至更广泛的社会群体发出保护海洋的呼吁。这一活动不仅提升了学生的写作能力，更让他们成为了海洋保护的倡导者与传播者。通过海洋主题班会的召开，我校旨在让学生在实践中体验保护海洋的重要性，在游戏中感受海洋文化的魅力，在分享中增强班级凝聚力，共同为守护蔚蓝的海洋家园贡献自己的力量。

表 4-1 我校海洋主题部分活动目录

序号	活动	形式	参加人员
1	海洋特色暨学校建校三十周年宣传拍摄花絮	分时段进行	全校师生
2	了解海军发展历史（视频）	研究性学习	全校师生
3	外出参观：护卫舰汉中舰、扫雷舰河间舰、22型导弹快艇	研究性学习	师生代表40人
4	海军舰艇拼装初赛	合作比赛	四至六年级学生
5	海洋科技节活动	形式多样（游园、表演、比赛）	全校师生
6	海洋体育节	开幕式表演	全校师生
7	贝壳分类与上架指导	研究性学习	专家、教师、学生

2. 海洋实践课程

海洋是我校培养学生综合素养与德育品质的独特载体。为此，我校精心构建了一套融知识学习、艺术表达与实践探索于一体的全方位海洋实践课程体系，旨在通过多元化的教学方式，激发学生对海洋的热爱与尊重，培育他们的环保责任感与实践能力，让德育之花在海洋的广阔天地中绚丽绽放。在此基础上，我校进一步创新德育课程模式，开发了海洋文化与容通教育相结合的特色德育课程，如"海洋与环保"引导学生深刻认识海洋生态保护的重要性，培养环保责任感；"海洋与探索"则激发学生的探索精神，鼓励他们勇于挑战未知。

我校以海洋科学系列课程为基石，将德育融入海洋生物学、海洋地理学、海洋环境科学等学科知识的日常教学，通过生动的课堂讲解、丰富的多媒体展示以及实验室实践，引导学生系统探索海洋的奥秘与壮丽。在海洋生物学的课堂上，学生们不仅能学习海洋生物的多样性与生态习性，更能深刻体会到保护海洋生物的重要性；海洋地理学则带领学生领略海底世界的辽阔与神秘，激发他们对大自然的敬畏之心；海洋环境科学则聚焦海洋污染的严峻现实，引导学生思考并探寻防治之道，培养他们的环保意识与责任感。

我校深知，艺术是表达情感、抒发情怀的独特方式。因此，我校特别开设了海洋艺术课程，如"海洋绘画""海洋摄影""海洋雕塑"等，并将德育渗透其中，鼓励学生们用画笔捕捉海浪的奔腾，用镜头定格珊瑚礁的斑斓，用雕刻刀塑造海洋生物的灵动。在艺术的熏陶下，学生们不仅提升了审美能力，更在心灵深处种下了对海洋的深厚情感与保护之志。

实践是检验真理的唯一标准。我校积极策划并开展了丰富多彩的海洋实践项目，如海洋生态调查、海洋环境保护等。在这些项目中，学生们走出校园，深入海洋生态系统进行实地考察，收集数据，分析变化，亲身感受海洋生态的脆弱与宝贵。同时，他们积极参与海滩清洁、水质监测等环保活动，用实际行动践行环保理念，展现新时代青少年的责任与担当。

通过将德育融入全方位的海洋实践课程体系，我校为学生们搭建了一个多维度、深层次的德育实践平台。在这里，他们不仅能在知识的海洋中汲取智慧,在艺术的殿堂里抒发情怀,更能在实践的舞台上锤炼品质、提升自我。我校坚信,这些具有深厚海洋情怀、强烈环保责任感与实践能力的学子们,将成为守护我校蔚蓝海洋家园的中流砥柱,共同书写人与自然和谐共生的美好篇章。

三、容通德育实践活动

德育作为教育的灵魂,其重要性不言而喻。为培养学生的道德品质、社会责任感和综合素质,我们将德育融入海洋文化相关的实践活动中。这一活动旨在让学生在体验中成长,在成长中感悟,从而塑造出全面发展的人格魅力。

(一) 海洋文化体验活动

为了拓宽学生的视野,增进与激发他们对海洋文化的深刻理解与浓厚兴趣,我们精心策划了海洋文化体验类活动。

我们组织学生走进海洋馆、海洋科学馆等充满教育意义的场所,让他们近距离接触那些在水中翩翩起舞、五彩斑斓的海洋生物。在这里,学生们不仅亲眼见证了海洋生命的奇妙与多样,更在专业讲解员的引领下,深刻理解了海洋生物的习性、生态链的微妙平衡以及海洋保护刻不容缓的重要性。这些直观而生动的体验,如同一把把钥匙,打开了学生们通往海洋文化宝库的大门。

我们充分利用现代科技手段,如互动展览、虚拟现实体验等,为学生们营造出身临其境的海洋世界,让他们仿佛置身于波涛汹涌的大海之中,感受着海洋的壮阔与深邃,体验着与海洋生物共舞的奇妙。这些高科技的体验方式,不仅激发了学生们对海洋文化的好奇心与探索欲,更在他们心中播下了热爱海洋、珍惜海洋资源的种子。

通过这些丰富多彩的海洋文化体验活动,我们旨在培养学生们成为具有深厚海洋情怀的未来公民。他们不仅学会了尊重自然、敬畏生命,更在体验中深刻体会到了保护海洋、维护地球生态平衡的重要性。这是一次深刻的德育实践,让学生们在探索海洋文化的同时,也培养出了对地球家园的深厚情感与责任感。我们坚信,这些怀揣着海洋梦想、肩负着保护使命的学子们,将成为未来守护我们蔚蓝星球的中坚力量。

(二) 举办海洋文化主题团队活动

在我校的容通德育蓝图中,团队活动始终是培养学生团队协作能力和沟通能力的关键一环。在海洋文化这一特色主题的引领下,我校将团队合作与海洋文化的探索相结合,旨在通过一系列富有创意和挑战性的团队活动,铸就学生们团结协作的坚韧之魂。

我们鼓励学生自发组成小组,围绕海洋文化的不同方面展开深入研究。无论是探索海洋生物的奥秘,还是挖掘海洋历史的深厚底蕴,每个小组都需要发挥成员间的各自优势,共同完成任务。在这个过程中,学生们学会了如何有效分工、如何相互支持,更在团队协作中锻炼了沟通能力和解决问题的能力。

团队活动不仅仅停留在研究层面,我们还设计了丰富多彩的分享交流环节。每个小组都有机会站上讲台,向全校师生展示他们的研究成果和心得感悟。这种公开的表达和分享,不仅是对学生研究成果的肯定,更是对他们团队协作能力的锻炼。在分享中,学生们学会了倾听他人的意见,学会了在尊重中寻求共识,这种沟通的艺术将成为他们未来人生道路上的宝贵财富。

通过这些海洋文化主题的团队活动,我们深刻感受到了学生们在团队协作和沟通能力上的显著进步。他们学会了在团队中发挥自己的作用,学会了与他人携手共进。更重要的是,这种团结协作的精神已经深深烙印在他们的心中,成为他们未来面对挑战、实现梦想的坚实基石。我们坚信,这些在海洋文化熏陶下成长起来的学生们,将带着团结协作的宝贵品质,走向更加广阔的天地,共同书写属于他们的精彩篇章。

(三) 德育课程活动

我校始终将德育工作置于教育教学的核心位置,并深刻认识到其对于促进学生全面发展、塑造健全人格的重要性。为此,我们精心构建了一套系统完善、内容丰富的德育课程体系,涵盖了心理健康教育、法治教育、公民道德教育等多个关键领域,旨在为学生提供一个全方位、深层次的德育学习与发展平台。这些课程不仅注重理论知识的传授,更强调实践体验与情感的共鸣,让学生在参与中感悟,在体验中成长。

同时,我们积极创新德育实施路径,鼓励并引导教师将德育元素巧妙地融入日常学科教学之中,实现德育与智育的有机融合与相互促进。无论是语文课堂上的经典诵读,深化学生的文学素养与人文情怀;还是数学课堂上的逻辑推理,培养学生的思维能力与严谨态度;抑或是科学实验中的团队合作,强化学生的责任意识与协作精神……每一门学科都成为德育渗透的沃土,让德育之光照亮学生成长的每一个角落。

此外,我们还注重德育活动的多样性与实效性,通过组织丰富多彩的校园文化活动以及参加志愿服务等社会实践活动等,为学生提供更多展示自我、服务社会的机会。这些活动不仅丰富了学生的课余生活,更在无形中深化了德育教育的内涵,让学生在实践中学会感恩、学会担当、学会成长。

我校通过构建系统化的德育课程、促进德育与智育的深度融合以及开展多样化的德育活动,努力营造一个全员参与、全程覆盖、全方位渗透的德育工作环境,为学生的全面发展与健康成长奠定坚实基础。这一系列举措,旨在构建一个全方位、多维度的德育体系,让学生在海洋文化的浸润下,不仅增长知识,更在心灵深处播下责任、探索与创造的种子。

(四)其他活动

为进一步提升德育工作的实效性与吸引力,我校不断探索与实践,极大地丰富和创新了德育活动的内涵与形式。我们紧密围绕重要节日、纪念日等具有特殊意义的时间节点,精心设计并开展了一系列主题鲜明的教育活动。例如,"深入学习党的二十大精神"主题班会,引导学生紧跟时代步伐,树立远大理想;"庆祝国庆节"文艺演出,让学生在欢声笑语中增进对国家的热爱与民族自豪感。同时,我们还充分利用校园文化的独特魅力,通过定期举办运动会激发学生的团队协作与拼搏精神,通过艺术节培养学生的审美情趣与创新能力,通过科技节点燃学生对科学探索的热情与好奇心。这些活动不仅极大地丰富了学生的课余生活,更在潜移默化中实现了德育的渗透与升华,让学生在参与中体验,在体验中成长,于轻松愉快的氛围中接受德育的滋养与熏陶,全面促进了学生综合素质的提升与发展。

第二节 容通德育网络的构建

在容通德育网络的构建上,我校注重全员参与、全方位覆盖,旨在为学生营造一个健康、和谐、积极向上的成长环境。

一、核心领导小组的设立

我校成立了以校长为核心的德育工作领导小组,该小组由学校管理层领导、德育处工作人员、班主任、学科教师等成员组成。领导小组定期召开会议,明确各部门的德育工作职责和任务,确保德育工作的有序开展。

二、部门职责的明确与协同

在德育工作中,我校各个部门及成员都扮演着重要的角色。德育处负责制订德育工作计划、组织德育活动、评估德育效果等;班主任则是学生德育工作的直接责任人,负责班级的日常管理和学生的个别辅导;学科教师则通过将德育理念渗透进课堂教学,让学生在学习知识的同时,受到德育的熏陶。各部门及成员之间密切合作,形成了德育工作的合力。

三、校家社合作模式的形成

我校非常重视与家庭、社区的联系和合作,形成了学校、家庭、社区三位一体的德育网络。

(一) 家校沟通与合作

学校秉持家校共育的理念,定期举办家长会与座谈会,旨在深入交流学生的学习、生活及德育成长状况,确保家长充分了解学校的德育规划与实施细节,并诚邀家长贡献宝贵意见。同时,开展家校互访活动,让教师亲临学生家庭,洞悉其成长环境与经历,为德育工作的精准施策奠定坚实基础。此外,学校充分利用校讯通、微信等现代通讯平台,建立与家长的高效沟通机制,确保学生在校表现的及时反馈,家校携手,共同见证并促进每一位学生的全面发展与健康成长。除此之外,我们诚邀家长参与海洋文化及容通教育实践,如环保行动与探索竞赛,以深化家长对德育工作的认识与支持。我们鼓励家长在家庭教育中融入相关理念,实现家校联动,共同培养学生的品德修养、爱国情怀、社会责任感、创新精神与实践能力,为学生的全面发展筑就坚实基石。

(二) 社区实践活动的组织

学校积极与社区合作,组织学生参与各类社区实践活动,如环保志愿活动、敬老院慰问活动等。这些活动不仅丰富了学生的课余生活,还让学生在实践中体验社会、了解社会、服务社会,增强了他们的社会责任感和实践能力。

(三) 社区资源的利用

新港中路小学还充分利用社区资源,邀请社区工作人员、志愿者等进校园开展讲座、辅导等活动,为学生提供更广阔的德育学习平台。

例如,为落实立德树人根本任务,我校积极开展海洋科技节活动,通过营造学科学、爱科学、用科学的校园氛围,鼓励学生积极探索、勇于创新,全面提高学生的科学素养;同时为学生提供更多展示才华的平台,寓教于乐,引导学生将海洋生态保护意识内化于心、外化于行。在开展海洋科技节活动的过程中，我校注重与家长、社区以及社会单位进行合作（合作单位包括自然资源部南海生态中心、海南南沙珊瑚生态系统国家野外科学观测研究站、中国电子科技集团公司第七研究所团委、中共广东第二师范学院政法系总支部委员会、文博3D打印科普研学教育基地等），共同搭建起一个家校社联动的平台，让社会各界都能参与到学生科学素养的培育中来，共同促进学生全面发展，将海洋生态保护的理念深深植根于每个学生的心中，并让其转化为日常生活中的实际行动，为建设美丽中国、保护蓝色家园贡献青春力量。

践行二十大精神，探索海洋科技奥秘
——2023年海珠区新港中路小学海洋科技节活动方案

一、指导思想

党的二十大报告将"人与自然和谐共生的现代化"上升到"中国式现代化"的内涵之一，再次明确了新时代中国生态文明建设的战略任务，总基调是推动绿色发展，促进人与自然和谐共生。报告全文中多处涉及"海洋"，如发展海洋经济、保护海洋生态环境、加快建设海洋强国等内容，表明了党中央对海洋生态的高度重视。持续保护好自然生态的蓝天、碧水、净土与每位公民息息相关，更是青少年义不容辞的责任。为深入宣传贯彻党的二十大精神，落实立德树人根本任务，为我校"海洋教育实践基地"挂牌活动做好前期准备，也为营造浓厚的学科学、爱科学、用科学的校园氛围，鼓励学生积极探索、勇于创新、全面提高学生的科学素养；同时为学生提供更多展示才华和提高科学素养的空间与平台。我校将通过寓教于乐的方式引导学生将海洋生态保护意识内化于心、外化于行。特制定此方案。

二、活动主题

本届学校海洋科技节活动的主题是"践行二十大精神，探索海洋科技奥秘"。

三、活动时间、地点

活动时间：2023年6月5日下午2：10—4：00

活动地点：海珠区新港中路小学校内各场地

四、活动参与单位

自然资源部南海生态中心、海南南沙珊瑚礁生态系统国家野外科学观测研究站、中国电子科技集团公司第七研究所团委、中共广东第二师范学院政法系总支部委员会、文博3D打印科普研学教育基地等。

五、活动准备、开幕式安排及活动规则

（一）迎宾接待

1. 迎宾时间：6月5日下午1：50—2：20。

2. 迎宾位置：学校大门进门处。

3. 物料准备：摆放1张长条桌子、3把椅子，准备嘉宾物料、饮用水大约50份，2种签到表（家长的和嘉宾的），签到的粗黑色水笔和普通黑色水笔，大型活动拍照背幕。

4. 签到及指引。

5. 媒体接待（《人民日报》记者、广东电视台少儿频道、新浪广东、广州电视台G4记者）。

6. 活动安全。

（二）开幕式部分

1. 时间：6月5日下午2：10—2：30。

2. 地点：一楼多媒体教室。

3. 参与学生：六年级（1）班、六年级（3）班学生到现场参与活动，其他学生在课室看直播，到校家长跟随学生在课室观看直播（每班可邀请3位家委到校帮忙维持秩序和拍照）。

4. 开幕式流程安排：

（1）热场舞蹈：六年级（3）班表演舞蹈《Yes！Ok！》，化妆、组织等由邝绮华和黄雅琦负责。

（2）领导致辞。

（3）开幕式节目表演。

A：广东第二师范学院政法系学生艺术团街舞小分队进行街舞表演；

B：广东第二师范学院政法系艺术团合唱小分队演唱《知足》。

5. 人员安排：开幕式准备及桌椅复原：陈健华带领六年级学生负责（开幕式时前面桌椅要摆到多媒体教室外面，开幕式一结束，马上把桌椅搬回来，摆8列，每列5张桌椅）；主持人：广东第二师范学院政法系学生艺术团。另，开幕式部分通讯稿；拍照、视频；开幕式录像。

（三）活动奖品及领取规则

活动前，班主任给每个学生派发游园活动争章记录表，学生每参加一项活动获得一枚海洋印章，获得三枚或以上海洋印章，活动结束后到班主任处领取活动奖品。

六、活动具体项目

（一）海洋日"践行二十大精神，海洋保护你我行"活动

为推动"海洋知识进校园"，进一步落实国家野外站建设运行关于科普进校园工作要求，根据南沙珊瑚礁生态系统国家野外科学观测研究站（以下简称"南沙野外站"）年度工作计划安排，举办海洋日"珊瑚礁的十万个为什么"科普活动。

1. 活动负责单位：自然资源部南海生态中心、南沙野外站。

2. 活动地点：一楼多媒体教室及旁边走廊、空地。

3. 活动形式：科普讲座、珊瑚礁小科普展、珊瑚礁印章盖章。

4. 活动安排：

（1）第一场海洋知识进课堂。

主题："看不见"和"看得见"的海底小精灵——浮游生物。

主要内容：首先通过"蓝眼泪"的现象切入，然后对浮游生物的概念、外形及重要性进行讲解，让学生更好地理解浮游生物在珊瑚礁生态系统中的功能。

时间及参与人员安排：下午2：30—3：10，六年级学生参与。

(2) 第二场海洋知识进课堂。

主题：有趣的海洋调查。

主要内容：以南海生态中心开展的各种海洋调查项目为切入点进行介绍，包括海洋生物、调查设备、调查船等相关内容，让学生了解海洋调查工作的日常之余，对出海期间遇到的珊瑚礁生物有初步了解。

时间及参与人员安排：下午3∶20—4∶00，五年级学生参与。

(3) 下午2∶30—4∶00，海洋珊瑚礁小科普展和珊瑚礁印章盖章互动，地点安排在一楼多媒体教室旁边（需要3张桌子、3把椅子）。

5. 人员安排：

(1) 带队及维持会场纪律：五、六年级班主任；

(2) 主持、收尾及指挥有秩序地离开：五、六年级级长；

(3) 维持展览秩序及盖章活动秩序：陈健华、舒翠瑛和五年级的一位家委代表；

(4) 拍照：各年级选1—2位家长；

(5) 南海局讲座及展览、盖章活动照片通讯稿。

(二)"大手牵小手，趣味科普宣讲"主题活动

本次主题宣讲活动旨在以青年学生党员的视角，紧密结合小学生的心理特点，围绕党的二十大的生态保护与学校海洋建设主题，积极创新宣讲的趣味形式，引领小学生在丰富多彩的宣讲活动中学习领悟党的二十大精神，使其自觉成为海洋生态保护的弘扬者与践行者，激励新时代青少年从生活小事做起，携手共建生态家园。

1. 活动负责单位：广东第二师范学院政法系学生党支部。

2. 活动时间：2∶30—4∶00。

3. 活动地点：一楼击剑室。

4. 活动具体安排：

趣味宣讲摆摊游戏规则：本活动将在一楼击剑室设置4个不同的活动摊位，每个摊位分别对应一组。活动开始前固定摊位将

会发放本次活动积分卡，同学们可自行选择到对应的项目处参与活动并及时去工作人员处盖章，一次活动将对应获得一个印章（具体规则详看游戏介绍），活动结束后同学们可携带积分卡到兑换处领取相应的礼品。

5. 四大摊位游戏介绍：

摊位一：送海洋动物回家。

（1）活动简介。党的二十大报告全文中多处涉及"海洋"，并明确指出要发展海洋经济，保护海洋生态环境，加快建设海洋强国。该摊位让小学生在帮助海洋生物寻找家园的过程中了解其家园被各种因素破坏的情况，引发小学生独立思考如何保护海洋。宣讲员联系党的二十大呼吁和提倡的保护措施进行宣讲，强化小学生对海洋的保护意识，引导其学习领悟保护海洋生态环境，助力推动我国高质量发展的重大意义。

（2）活动规则

①学生抽取动物小卡片，确定它生活的海域深度；

② 动物海域卡片背后写清楚该动物家园被破坏的原因；

③学生需要提出保护海洋动物家园的措施，若正确即成功送海洋动物回家；

④游戏结束后，宣讲团成员联系党的二十大精神和海洋保护的措施向学生进行宣讲。

摊位二：海洋生物我来猜。

（1）活动简介。该摊位通过结合党的二十大报告、我国对于海洋保护的相关举措进行宣讲，带领学生认识珍稀海洋生物，在此基础上进行"你划我猜"游戏，帮助学生巩固知识，激发学生保护海洋生态环境、保护海洋生物的意识，寓教于乐，共护海洋环境。

（2）活动规则。

①宣讲团成员宣讲珍稀濒危的海洋生物以及保护海洋的重要性及举措；

②从宣讲内容中提取词汇或短语，如海洋生物的名字或者海

洋保护的关键词;

③学生两两成组,学生 A 通过识别图片或文字对海洋生物或者海洋保护的关键词进行辨认,再通过比画引导学生 B 进行回答。

摊位三:同海洋伙伴交流。

(1) 活动简介。党的二十大指出,要全力推动海洋生态可持续发展,加强海洋资源节约、集约利用,加强海洋污染防治和生态修复,加强海洋灾害风险防范与应对。同时,要积极发展海洋旅游,拓展海洋文博资源,强化海洋意识教育,全力推动海洋文化繁荣发展。结合宣讲对象的特征尚以形象思维为主,该摊位采用情景式海洋主题角色扮演结合故事讲解、知识竞赛的形式来进行党的二十大精神宣讲。

(2) 活动规则。

①角色扮演,宣讲人展示海洋生物、海洋环境的图片,引导学生以第一人称的形式描述海洋生物的处境,感同身受地体验这些海洋生物、海洋环境所遭受的危害。在此期间,宣讲人也可以适当给予语言的引导和宣讲(如果实在无法描述可以采用问答的形式);

②扮演之后,询问学生们采取什么措施可以避免这些情况的发生。同时让他们想象在未来的某一天,海洋环境可能会变成什么样,并把想象的画面画在纸张上。最后由多人共同绘出一幅画。

摊位四:争当海洋保卫大使。

(1) 活动简介。该摊位由宣讲员带领学生在用海绵垫(30厘米×30厘米)围成的长方形区域(长7格,宽4格,仅用海绵垫将四周围出形状,将中间空出,共18个游戏格子)内进行"大富翁式"游戏。格子内容分为人类行为、海洋污染现象、海洋知识竞答三类。学生通过投骰子来前进对应点数进行"海洋保卫"游戏,到达不同格子内完成不同任务。游戏通过为学生普及海洋保护相关知识和"被淘汰"惩罚机制的设置,加强学生对危害海洋不良行为的认识,引导他们意识到保护海洋的重要性和必要性,帮助其在日常生活中养成保护环境的习惯。

（2）活动规则。

①投骰子决定前进的步数，每个格子内均有对应的正确或错误行为，以及可能随机发生的突发事件；

②当玩家走入对海洋有益的行为的格子内，由宣讲员讲解益处，并继续游戏；当玩家走入对海洋有害的行为的格子内，直接淘汰，并由宣讲员讲解危害性；

③当玩家走入突发事件的格子内，需要回答应如何解决或应对，回答正确则继续游戏，回答错误则直接淘汰；若被淘汰，可免排队重玩一次，如第二次机会也失败但仍想继续游戏则需要重新排队；

④同组里最终获胜的玩家获得"海洋保卫大使"称号。

6. 负责年级：六年级。

7. 人员安排：教师及各班一位家委负责维持击剑室秩序，每个班再派一位家长负责拍照。

（三）"无人机科普校园行"活动

21世纪是海洋世纪。党的二十大报告指出："发展海洋经济，保护海洋生态环境，加快建设海洋强国。"海军作为国家海上力量主体，对维护海洋和平安宁及良好秩序负有重要责任。建设强大的现代化海军是建成世界一流军队的重要标志，是建设海洋强国的战略支撑，是实现中华民族伟大复兴中国梦的重要组成部分。为进一步推动海洋国家安全教育进校园，中国电子科技集团公司第七研究所团委将以"海洋通信运用"为主题，通过专业科普、现场展示、趣味游戏等环节，寓教于乐，科普更多海洋通信知识，强化学生的海洋国家安全意识，帮助学生成长成才。

1. 活动负责单位：中国电子科技集团公司第七研究所团委。

2. 活动地点：一楼美术室、校园小操场。

3. 活动形式：无人机飞行演示、海洋电磁环境监测（远望号系列科考船）、产品展示、海洋知识问答及舰船拼装活动。

4. 活动具体安排：

（1）6月5日下午2：30—3：00，进行科普小讲堂、产品演示等，地点安排在一楼教室及小操场空地；

(2) 6月5日下午3：00—4：00，进行海洋知识问答及舰船拼装活动，地点安排在一楼教室内。

5. 活动负责年级：一年级。

6. 人员安排：两位教师和一位一年级家委代表负责维持秩序，每个班再派一位家委负责拍照，一位教师负责无人机部分通讯稿。

(四) 人工智能作品展示活动

1. 活动负责单位：广州三好生教育科技有限公司。

2. 活动时间：2：30—4：00。

3. 活动地点：三、四年级各班课室。

4. 活动形式：人工智能作品制作者进行作品展示，参观者尝试说原理，设计者根据参观者的答案给予盖章。

5. 活动负责年级：三、四年级。

三、四年级每个班派人工智能社团成员组成3个小组，每个小组2—3人，轮流带着自己的作品进行介绍。

6. 人员安排：每班班主任负责组织学生进行展示活动，副班主任或家委负责控制人流、盖章和维持课室纪律，一位家委负责拍照，李婷婷负责人工智能部分通讯稿。

7. 场地布置：每个班桌椅往两边或后边放，前面或中间空出位置给参观学生观看展示台的活动。

(五) "探究3D打印黑科技"活动

1. 活动负责单位：文博3D打印科普研学教育基地。

2. 活动时间：2：30—4：00。

3. 活动地点：二楼电脑室和三楼书法室。

4. 活动形式：文博3D打印科普研学教育基地参与本次活动，派驻3D打印技术专业指导老师进行展示体验和指导，同学们通过观看3D打印机现场打印十二生肖、广州塔、党旗党徽等产品，了解一个产品从无到有的过程。老师现场讲解3D打印技术的原理和应用，加深同学们对3D打印技术知识的了解和理解。通过积极回答科普老师的问题，同学们可以获得 3D 打印小礼品。现场开展 3D 打印笔体验活动，鼓励同学们发挥创意积极参与，培养同学们的科学创新精神和实践能力，激发同学们对科学探究的兴趣。学生可以排队体验，亲自操作 3D 打印笔进行绘画。现场需要三位家委或者高年级学生志愿者，以及基地的一位工作人员，3D 打印笔体验排成 4 条队伍，学生轮流体验，一人负责 1 条队伍的操作，教学生使用。

5. 活动负责年级：四年级。

6. 人员安排：二楼电脑室一位教师及四年级（2）班家委负责盖章和维持秩序，三楼书法室一位教师和四年级每班一位家委负责盖章和维持秩序。另外，每班再派一位家委负责拍照，一位教师负责 3D 打印部分的通讯稿。

（六）智能机器人互动体验活动

1. 活动负责单位：海珠区朗迪教育培训中心编程与机器人部门。

2. 活动时间：下午 2：30—4：00。

3. 活动地点：三楼科学室及科普室。

4. 活动形式：

A. 互动机器人体验：机械结构机器人体验，石头剪刀布机器人等互动体验，记忆游戏机器人互动闯关、机械狗、机械蛇等，认识编程机器人的控制原理；

B. 电脑编程：利用图形化编程软件，让同学们试玩自己编写的趣味游戏程序，领略编程的乐趣；

C. 人型机器人操控体验：控制人型机器人完成格斗、拳击、踢足球、冰球、舞蹈等动作，体验多伺服舵机的精确操控与编程。

5. 活动负责年级：二年级。

6. 人员安排：两位教师及二年级家委代表负责维持秩序，每个班派一位家长负责拍照，一位教师负责编程部分通讯稿。

（七）科学空气炮实验和电碰迷宫之旅

1. 活动负责单位：新港中路小学科学科。

2. 活动时间：2：30—4：00。

3. 活动地点：一楼小操场。

4. 活动简介：

（1）用空气炮打掉乒乓球。空气炮实验可以让学生感受到气压的神奇之处，当我们用手拉气球的时候，气球内的空气增多，快速松开气球，纸杯内的空气被压缩，压缩的空气从纸杯口排出时，形成强烈的气流，产生一定的冲击力。

（2）电碰迷宫的游戏规则要求体验者手持小电棒进入通道，须从开端走到末端，其间不得接触导管，否则将引起声光报警，即为游戏失败。这个游戏有利于培养孩子在紧张、压力环境中的良好心态、手眼协调能力、专注力及耐心。

5. 活动负责年级：五年级。

6. 人员安排：两位教师及五年级两位家委代表负责维持秩序，另派一位家长负责拍照，一位教师负责该摊位通讯稿。

7. 场地布置：在一楼小操场摆放两个摊位，每个摊位各2张桌子，各由一位老师和一个学生负责。

（八）导弹驱逐舰乐高积木拼装模型比赛

1. 模型捐赠单位：九二九六二部队政治工作部。

2. 活动时间：6月2日下午。

3. 活动形式：

四至六年级每班选2个小组，每组3人，在3个小时内把1682块积木拼装成一艘导弹驱逐舰，能成功完成任务的，每人奖励一盒导弹驱逐舰拼装积木。

4. 活动负责人员：钟陈辉、陈锡辉。

中共广州市海珠区新港中路小学支部委员会
2023年5月31日

第三节 容通德育评价机制

我校建立了科学的德育评价机制，对学生的日常行为、道德品质等方面进行综合评价，通过自评、互评、师评等多种方式，全面了解学生的德育发展状况。同时，学校还注重对教师的德育工作进行考核和评价，以此激发教师的工作热情和积极性。

一、德育评价体系的建立

学校建立了涵盖海洋文化教育和容通教育的德育评价体系，对学生的品德修养、海洋文化素养、容通精神等方面进行全面评价，并设立具体的评价标准和方法，如日常行为观察、实践活动表现、德育课程成绩等，确保评价的客观性和公正性。

（1）学生日常行为规范评价。我们制定了清晰明确的日常行为规范标准，这些标准涵盖了课堂纪律、校园秩序、文明用语等方面。通过班级日志记录、教师观察、学生自评和互评等多种方式，我们详细记录每位学生的日常行为表现。定期对学生的行为进行评价，给予积分或等级评定，作为学生德育评价的重要参考。

（2）德育活动参与评价。我们积极组织多样化的德育活动，如主题班会、志愿服务、社会实践等，并鼓励学生积极参与。我们详细记录学生的参与次数、表现及贡献，并对学生的活动参与情况进行评价。对于表现突出的学生，我们将给予相应的奖励或表彰，以激发学生的参与热情。

（3）道德品质评价。为了全面评估学生的道德品质，我们采用问卷调查、情景模拟、案例分析等多种方式，深入了解学生的诚信、友善、公正等道德品质。结合学生的日常行为表现和活动参与情况，我们对学生的道德品质进行综合评价，并鼓励学生自我反思和成长。

二、评价的激励作用

学校将德育评价与学生的学习成绩、综合素质评价等相结合，为学生提供更多的发展机会和展示平台。具体采取了以下措施。

（1）设立与海洋文化和容通教育相关的奖项和荣誉称号，如"海洋之星""容通小使者"等，表彰在德育实践中表现突出的学生。

（2）"文明班级"与"文明学生"评选。我们根据学生的日常行为表现、活动参与情况和道德品质评价，评选出"文明班级"和"文明学生"。对于获奖的班级和学生，我们将进行表彰和奖励，如颁发证书、奖品或荣誉称号等。这些评选活动能够激发学生的积极性和荣誉感，促进学生自我提升和班级整体进步。

（3）其他激励措施。为了激励学生更好地参与德育活动并提升道德品质，我们还设立了德育奖学金或助学金，对在德育方面表现突出的学生给予经济奖励。此外，我们还在校园内设置"德育之星"等荣誉墙或展板，展示优秀学生的事迹和风采。同时，我们定期举办德育成果展示活动，如主题展览、文艺演出等，以展示学生在德育方面的成长和进步。

三、教师德育工作的考核与激励机制

（1）教师德育工作考核。为了提升教师德育工作的质量和效果，我们制定了详细的教师德育工作考核标准。这些标准包括德育工作计划的制订、实施和效果等方面。我们通过学生评价、同事互评、学校领导评价等多种方式对教师德育工作进行考核，并将考核结果作为教师绩效考核的重要组成部分。

（2）教师德育工作激励。对于在德育工作中表现突出的教师，我们将给予表彰和奖励，如颁发荣誉证书、给予物质奖励等。同时，我们提供德育培训和交流机会，帮助教师提升德育工作的能力和水平。此外，我们鼓励教师积极参与德育研究和创新实践，以推动学校德育工作的深入发展。

通过以上评价机制的实施，我们将更好地促进学生道德品质的提升和教师德育工作的有效开展。

第五章 扬海风：容通管理乘风破浪

学校管理工作是一项较为复杂的系统工程，学校管理者可在与办学理念一脉相承的管理理念引导下，实施适宜的管理策略，体现管理者的人文关怀，满足师生的发展需求。在实施"容通管理"时，我校在包容与尊重师生个体差异的基础上，引进发展"动力源"，让师生在与其互动交流的过程中产生思维的革新；坚守学校管理初心，树立坚定的服务意识，利用多种手段和资源指导帮助师生得到持续发展；给予师生足够的发展空间，并将学校管理向家长开放，活化学校的生存状态，从而凸显"容通管理"的包容性、服务性与开放性特征。

第一节 内部管理，为师生个性全面发展铺设航道

学校内部管理是一个全面而系统的过程，它涉及学校的各个方面，具体包含学校行政管理、教学管理、师生管理等。通过科学、全面、有效的管理，学校可以更好地服务于师生，提高教育教学质量，为学生的成长和发展提供良好的条件。

一、容通管理的特征

我校的"容通教育"以有如海洋一般有容乃大的精神核心，引导师生包容、兼容、从容，满足每个师生的不同发展需求，助力师生多维度发展。"容通管理"强调以人为本、以生为本，主张管理者对每个教师和学生包容其个性、激发其潜力、融汇其所长。

"容通管理"有包容性、服务性、开放性等特征。包容性是

"容通管理"的核心特征，是指管理者能够在日常工作中包容、承认、尊重师生的不同差异，并采用多种手段支持师生革新思维、鼓励师生互动交流。服务性是指管理者立足人本思想，秉持服务理念，坚持为师生服务的原则，为教师工作、学生学习提供保障。开放性是指管理者全面考虑与尊重多方主体的主动发展和参与管理的基本需求，请师生和家长参与管理，提升学校的办学质量。

二、容通管理策略

（一）包容个体差异，引进发展"动力源"

个体只有置身于让其感受到被欢迎与被尊重的集体氛围中才有利于自身的发展。集体的发展则依靠不同个体的共同努力，依赖不同个体之间的互动质量。因而，在"容通管理"中，为提升师生的成长内生力、实现师生的自我发展与学校的整体发展，学校主张在包容与尊重师生个体差异的基础上，引进发展"动力源"，让师生在与其互动交流的过程中产生思想的碰撞、思维的革新，进而促成学校整体与师生个体卓越价值的实现。

作为学校管理者，要包容与尊重教师的个性差异与特长，有针对性地帮助教师瞄准发展目标、找准发展方向，激发其工作动力与热情。例如，对于组织能力较强的教师，管理者要鼓励其承担校内活动的策划与组织；对于教科研能力表现突出的教师，要鼓励其发挥引领作用，带领其他教师参与课题申报、论文撰写等工作，充分发挥教师的主观能动性。在学生管理中，管理者应以包容的心态正视学生的发展差异与不足，并畅通沟通渠道，了解学生的心声，为其全面发展指点迷津。例如，针对较为内向、不善表达的学生，管理者应鼓励各班主任创设"成长档案盒"，学生可以在档案盒中放置自己的心声小字条，班主任则定期查看档案盒，并及时给予回复，让学生在被尊重与被肯定中得到成长。学校以与自然资源部南海局（下文简称"南海局"）共建海洋教育研学基地为契机，邀请南海局的行政人员、科研团队和公职律师，作为激发学校组织活力的"动力源"，来校就学校特色发展、课程建设、课堂教学、学生心理成长等问题，与师生展开交流与探讨，让具有文化差异、思想差异、行动差异的多方主体，在充满包容、尊重与自由的氛围中进行思想交流、发生思维碰撞，提升发展能力。例如，学校德育处在拟订爱国主义教育方案时遇到意见分歧，学校管理者因势利导，化分歧为发展活力，组织德育处与南海局相关人员展开研讨，最终制定远超预期、更有价值的活动方案。

（二）服务师生成长，坚守管理者初心

"管理就是服务"的理念已成为主流，因此学校管理者的重要职责之一就是服务师生。一方面，学校通过建设校本课程、开展校本活动等途径，服务学生的个性成长与全面发展。学校利用地处沿海及毗邻海洋研究所等资源优势，将包含海洋人文、海洋经济、海洋法规、海洋军事等在内的海洋文化作为落实"五育并举"及实现学生个性发展的载体，构建了海洋教育特色课程体系。在南海局等机构的协同下，学校组织学生围绕亲海、知海和护海三大课程目标及走近海洋美食、欣赏海洋景观、了解海水性质、揭秘海底世界、保护海洋生物、防治海洋污染等课程内容，开展特色课程实践，并邀请相关专家到校开展海洋讲座、海洋第二课堂等特色活动，不同程度提升了学生的实践能力、研究意识与科学品质。另一方面，学校通过引导发展、扶持弱项与凝聚力量等，帮助教师实现师德师风、教学教研等各个成长点的持续发展。例如，围绕学校海洋文化课程建设，邀请南海局和中国电子科技集团公司第七研究所等共建单位的专家组成导师团，面向学校教师实施"名师培养工程"，组织开展一系列以教师专业发展为目标的培训活动和课题研究。同时，制定与实施"教学相长""总结反思""案例创新"等教学管理制度，确保教育教学各项工作平稳运行的同时，为教师的个体成长导入了自由度和创新度，让教师的专业素养得到了有效提升。

（三）开放学校管理，鼓励多主体参与

世界文明的不断推进，最重要的一个表现就是发展民主，教育民主化是其中的重要组成部分。学校管理的开放性是教育民主化的关键特征之一。

人本主义思想的核心观念在于尊重个人的人格和自由。学校管理的对象是拥有独立人格、享有发展自由的师生，因此，开放学校管理意味着对师生的尊重与信任。在"容通管理"中，学校给予师生足够的发展空间，并将学校管理向社会开放、向家长开放。

一是引导教师参与学校管理。教师参与学校管理不仅能体现"容通管理"的开放性特征，还有助于汇聚教师的智慧与力量，培养教师的归属感和荣誉感。在"容通管理"中，学校鼓励教师以组建教师智囊团、旁听行政会议、主动约谈校长等方式，积极参与学校在教师管理、学生管理、教学管理、后勤管理等各方面的决策，提升教师的工作效能感。

二是鼓励学生参与学校管理。主人翁意识是学生探求进步、谋求发展的内生力，而让学生主动参与学校管理有助于培养学生"我是主人"的意识。学校开通校长信箱，鼓励学生对学校后勤管理、校本课程开发、校园环境建设等提出建议。同时，学校还通过组织开展"小农场建设""体育场地建设"等学生活动，划分各年级建设任务，让学生通过亲历管理活动提升自我价值感。

三是组建家长志愿团队参与学校管理。学校与社会的联系密不可分，学校教育社会化的一个基本走向是向社会开放学校管理，向家长开放学校管理。学校对家长资源进行了深度挖掘，除构建常规的家委会、举办各类家校活动外，还组建了家长志愿团队，详细划分各个部门——策划部（包括学校建设规划部、家长资源拓展部、课程资源整合部等）、活动部（包括心理辅导部、社会实践部、科技指导部等）、后勤部（包括应急指导部、法律服务部等）、宣传部（包括摄影培训部、信息传播部等），并赋予其相

应的管理职责与职能，让家长走到学校发展规划、校内活动组织、课程班级建设的最前线。家校合力助力学生发展的同时，活化了学校的生存状态，提升了学校的办学质量。

实践证明，"容通管理"是促进我校师生和学校发展的有效手段。管理者基于学校办学思想、发展实际及师生需求提炼管理理念，并将其付诸实践，有助于灵活运用管理智慧，实现学校的可持续发展。

第二节 外部管理，为学校开放式发展拓宽海域

外部管理指的是学校与外部机构、组织或个人之间的合作与协调，通过资源整合、信息共享、交流互动等方式，为学校的发展提供有力支持。在开放式发展中，外部管理的作用尤为突出，它能够帮助学校打破传统封闭的教育模式，拓宽发展领域，提升教育质量。外部管理在推动学校开放式发展的过程中扮演着至关重要的角色。我校积极通过开发结对共建资源、开展校际交流帮扶、组建家长志愿队等途径与多方主体一路风雨兼程、同舟共济，拓宽学校发展的路径，形成多元开放的办学格局，实现更为全面和深入的发展。

一、学校进行外部管理的途径

通过拓展教育资源、扩大教育影响、推动教育创新等途径，外部管理可以为学校的发展提供有力支持。同时，学校应积极开展结对共建活动，与外部机构建立稳定的合作关系，实现资源共享和优势互补，共同推动教育事业的繁荣发展。

（一）建立并拓展合作伙伴关系

通过与外部机构建立合作伙伴关系，学校可以获取更多优质的教育资源，如教学设备、课程资料、师资力量等。这些资源的

引入有助于提升学校的教学水平和科研能力，为学校的发展提供有力保障。例如，学校可以主动寻找和建立与高校、行业企业、政府部门、社区组织等的合作伙伴关系。这种关系可以基于资源共享、项目合作、人才培养等多个方面。通过签署合作协议、明确合作内容和方式，确保双方能够长期、稳定地合作。在合作过程中，学校还可以充分利用自身的优势资源，与外部机构共享资源。这包括教学设备、课程资料、师资力量等方面的共享，以及教育经验、教学方法等方面的交流。通过资源共享，可以实现优势互补，提高教育资源的利用效率。

（二）整合并优化社会资源

外部管理可以帮助学校扩大社会影响力，推动学校在教育创新方面的尝试和探索，吸引更多的社会关注和支持。学校应积极整合并优化社会资源，寻求与外部机构的合作，如与政府部门、企业、社区等建立稳固的合作关系，通过企业捐赠、政府项目资金、社区资源共享等方式，获得必要的物质支持，以满足其日常运营、设施建设和教育教学的需求。同时，学校应精细管理资源，确保资源得到高效、合理的配置，从而最大化地满足学校发展的各项需求。

（三）开展多样化的交流活动

学校应定期与外部机构开展交流活动，包括学术研讨、教师培训、学生交流等。这些活动有助于增进双方的了解和信任，促进教育合作的深入发展。同时，通过交流活动，学校可以学习到外部机构的先进经验和方法，为自身的发展提供借鉴和参考。

学校可以参与更多的社会活动，展示自身的教育成果和特色，提高知名度和美誉度，如参与各类社会公益活动、社区服务、文化节庆等。通过参与这些活动，学校可以提升自身的社会影响力，树立良好的社会形象。同时，学校还可以利用这些机会，让学生更好地了解社会、服务社会，培养他们的社会责任感和公民意识。

二、学校进行外部管理的实践

(一) 开发结对共建资源

学校开发结对共建资源,通常始于厘清学校的发展需求与外部合作的潜在领域。学校开发结对共建资源的过程就是一个积极寻求合作伙伴、深入沟通和了解、明确合作内容、充分利用和整合资源、建立长期沟通机制并不断评估和调整合作策略的过程。通过这一过程,学校能够不断拓展外部合作领域,提升教育质量和办学水平。

在合作过程中,学校会充分利用自身的教育资源优势,同时积极挖掘和整合外部资源,如资金、技术、人才等,共同开发有利于学校和学生发展的结对共建项目。这些项目可能包括共同建设实训基地、开展联合教学、组织社会实践活动等,让学校能够更便捷地获取到优质的教育资源,帮助学校解决在开放式发展过程中遇到的困难和问题,推动学校实现更高水平的发展,促进学生综合素质的提高。

1. 与相关单位开展共建

我校已先后与多家单位合作。例如,我校与中国电子科技集团公司第七研究所签约结成共建单位;与自然资源部南海生态中心开展了多年的科普教育合作,并签订框架合作协议,共同开展海洋科普课程体系研究,开发海洋文化系列教材,开展海洋科普活动,不断加强优势互补,取得了丰硕的成果。南沙珊瑚礁生态系统国家野外科学观测站向我校赠送海洋类书籍,将专业的海洋科学知识以易于理解的方式传递给师生,有助于提升师生的海洋科学素养,增强他们对海洋生态保护的意识。

在开展结对共建的过程中,我校开展了系列结对共建活动。例如,我校携手中国电子科技集团公司第七研究所团委、人力资源处等组织我校学生开展"大话通信奥秘 揭秘摩斯电码——点燃科技梦想实践课堂"志愿服务活动。又如,我校举办海洋科技节,得到了自然资源部南海生态中心、海南南沙珊瑚生态系统国家野外科学观测研究站、中国电子科技集团公司第七研究所团委、中共广东第二师范学院政法系总支部等社会各界的大力支持。学生在海洋知识讲座中拓宽了视野，深入了解了海洋的奥秘与珊瑚礁生态系统的脆弱性；在"大手牵小手，趣味科普宣讲"活动中，与科学家面对面交流，激发了学生们对科学探索的兴趣与热情；在"海洋通信运用"的展示中，通过亲身体验现代科技如何助力海洋探索与保护，学生们感受到了科技的力量与魅力；在"探究3D打印黑科技"的实践中，学生们亲手操作，见证了产品从虚拟设计到成型实体的奇迹，他们的创新思维与动手能力均得到提升；而在"智能机器人互动体验"环节中，学生们与智能机器人亲密互动，体验了人工智能技术的无限可能，对未来科技世界充满了无限遐想与憧憬。这些丰富多彩的科普主题活动，不仅让学生们收获了知识，更在他们心中种下了探索科学、保护海洋的种子。

2. 与社区开展共建

与社区开展共建是学校开放式发展的重要途径。学校与社区之间存在着密切的联系，通过与社区开展共建，学校可以更好地融入社会，了解社会的需求和期望，从而更好地调整自己的发展方向和策略。同时，社区也可以为学校提供丰富的实践机会和资源支持，帮助学校实现课程与社会的有效对接。例如，学校可以与社区合作开展社会实践、志愿服务等活动，让学生能够更好地了解社会、服务社会，并在此过程中提升自己的综合素质和能力。

我校通过与社区及社会各界紧密合作，共同开展了一系列富有成效的共建活动。例如，在与凤阳社区的共建过程中，我校学生积极参与了禁毒活动，这不仅提升了他们的法律意识和自我保护能力，更使他们深刻认识到毒品的危害，坚定了抵制毒品的决心。此次活动不仅加强了学校与社区的联系，也为学生提供了一个实践学习的平台。我校还与海珠区少年宫、中国少年儿童新闻出版总社广州办事处联合开展了"梦想书屋校园行"活动。通过这一活动，学生们获得了丰富的阅读资源和文化交流机会，他们的阅读兴趣得到了激发，文化素养也得到了提升。这次合作展现了学校与少年宫、新闻出版机构在资源共享、教育合作方面的广阔前景。此外，我校还成功举办了"博物馆馆长讲座进校园"活动，邀请博物馆馆长为学生们带来精彩的党史教育宣讲。学生们在馆长的讲解指引下，深入了解历史，增强了历史责任感和使命感。此次活动不仅拓宽了学生的视野，也为他们提供了直观、生动的历史教育体验。广州市潘鹤雕塑艺术园也为我校学生带来了一场别开生面的艺术启蒙之旅。通过观看艺术园长的讲座，学生对雕塑艺术有了更深入的了解和认识，这激发了他们对艺术的兴趣和热爱。这次合作不仅丰富了我校的艺术教育内容，也为学生们提供了接触专业艺术教育的机会。

为促进五年级学生对青春期的全面认知，我们特别邀请了资深的医学专家举办一场青春期健康教育专题讲座。此次讲座旨在引导学生们深入了解青春期的生理与心理变化，帮助他们以科学、健康的态度面对这一成长阶段，从而树立正确的健康观念。同时，我们也为家长们提供了一个宝贵的平台，使他们能够更深入地了解孩子在青春期阶段的需求，为孩子的健康成长提供更有力的支持。

这一系列共建活动的开展，不仅加强了学校与社区及社会各界的联系，也为学生们提供了更多元化、具有实践性的学习机会。我校将继续深化与社区及社会各界的合作，共同推动开放式教育的深入发展，为学生的全面发展创造更多可能性。

（二）打造实体研学基地

海洋文化不仅具有科普性，也具有实践性。因此，海洋文化教育不仅要注重知识的构建，也要注重实践的开展。相较于小学常规教育，海洋文化教育具有一定的个性化和专业化特征，需要有专门的场地、专业的师资等育人资源作为支撑。为夯实海洋文化教育根基，我校从实体研学基地打造与专业师资力量引入两个方面着手进行。

为寻求专门化的实践场所，为学生的科普学习和研究体验提供适合的设施设备，我校积极与周边科研院所建立协作关系。自然资源部南海生态中心为贯彻落实习近平总书记关于"要坚持把抓科普工作放在与抓科技创新同等重要的位置"的工作部署，有科普活动下沉的工作需求和任务导向。而我校一方面在地理位置上毗邻南海生态中心，便于与其开展协同育人合作；另一方面，我校在建校之初便将海洋元素融入校园文化建设与教育教学实践中——在校徽设计、校园景观建设中融合了海浪、海鸥等海洋物象，在校本课程建设中融合了家国情怀教育等海洋底蕴，具有开展海洋文化教育的良好基础。为此，我校与自然资源部南海生态中心在开展共建与协作的过程中，充分考虑双方的育人资源优势，找准两者的结合点，以共建全国海洋科普教育基地为抓手，在实体研学基地打造方面达成协作共识。

　　实体研学基地的主体分为两部分：一是位于南海生态中心大楼内的各学科实验室和南海生物标本馆，基地在此设置实验研究展教区，配备多媒体系统放映设备和显微世界观察设备，每月固定时间段向我校及周边学校学生开放。二是位于我校教学楼三楼，由双方共建的科普教室、科普走廊以及电教室、广播站等，基地在此设置校园科普展教区，配备多媒体展示屏、标本展柜、标本移动展台、海洋主题背景版图、海洋主题科普图书、电脑、录音录像设备、实验桌椅等相关设备设施，每周固定时间段向我校学生开放。两个展教区的展教内容均以海洋科学、海洋生物生态保护、海洋监测科技等知识为主。2024年，我校被评为"全国海洋科普教育基地"。同时，由自然资源部南海生态中心研究员与我校教师组成的展教团队会根据不同节日、不同时期，以及学生关注的海洋科技文化热点更新展教内容，并设计开发不同的活动环节，让学生在体验、探究、交流、互动中实现深度学习。

　　2022年，全国海洋宣传日期间，我校应邀作为唯一分会场参与协办了"遨游多彩的海洋生物世界"大型科普直播活动（见图5-1）。该活动由厦门大学海洋与地球学院、厦门大学美育与通识教育中心联合中国海洋学会共同主办。分会场在我校与自然资源部南海生态中心共建的科普教室中举行，分会场活动的现场策划和技术支持由双方共同完成。

图 5-1　与厦门大学海洋科技博物馆联合开展线上直播

借此实体研学基地创建的良机，学校与科研院所携手并进，开展了一系列深入浅出的展教活动。2022 年 6 月，展教团队结合第十四个世界海洋日的主题——保护海洋生态系统，人与自然和谐共生，设计了"保护海洋中的'蓝碳'"系列科普活动，学生首先在校园科普展教区借助多媒体设备了解红树林在缓解气候变化、保护生物多样性方面的重要作用；接着在实验研究展教区利用显微镜观察红树植物的皮孔，了解其耐盐水的特性及对盐度的耐受性；最后小组合作利用课余时间探究红树林被称为海洋"蓝碳"的原因，并用数据或图表展示小组的探究结果。这一合作模式充分发挥了双方在教育资源与科研实力上的优势互补，不仅丰富了学生的实践体验，也在潜移默化中全面提升了学生的综合素养，实现了协同育人的良好成效。

（三）与兄弟学校开展交流

兄弟学校之间的沟通交流是学校开放式发展的重要手段。通过与其他学校进行交流合作，学校可以借鉴成功经验、汲取优秀文化、拓宽自己的发展视野。同时，也可以与其他学校共同开展合作项目、共享教育资源、共同培养人才等，实现互利共赢的发展。这种交流合作不仅可以增进和促进学校之间的友谊和合作，也可以推动整个教育行业的进步和发展。

总之，外部管理在推动学校开放式发展中具有不可替代的作用。通过教育系统的帮助扶持、社区共建以及兄弟学校之间的沟通交流，学校可以拓宽其发展空间，实现更全面、更深入的发展。因此，学校应该积极寻求外部管理的支持和帮助，加强与其他学校和社区的合作与交流，共同推动教育事业的进步和发展。

第三节　家校管理，构筑同舟共济的坚实力量

家校管理，作为教育的重要组成部分，构筑了同舟共济的坚实力量。它通过建立家长与学校之间的紧密联系与沟通机制，使家长与学校共同关注孩子的成长与发展，形成教育合力。家校双方携手合作，共同制订教育计划，分享教育经验，解决教育问题，为孩子创造一个和谐、积极、健康的学习环境，从而推动孩子的全面发展，构筑家校同心的坚实力量。

一、建立家校共育机制

在追求学生可持续成长的道路上，我们深知家校共育的重要性。为此，我校积极倡导并实施海洋家校共育项目，旨在通过学校与家长的紧密合作，共同为学生的全面发展创造更多机会和平台。

为有效推进这一项目，我们首先成立了海洋家校共育委员会，由学校领导、教师代表、家长代表及校外专家共同组成。委员会定期召开会议，成员共同商讨和规划家校共育活动的具体内容和方向，确保每一项活动都能贴近学生的需求和兴趣。

在家长志愿者服务队的组建上，我们根据家长的特长和兴趣，

将他们分为策划部、活动部、后勤部和宣传部四个主要部门。每个部门都承担着不同的职责，如策划部负责活动的策划和组织，活动部负责活动的具体实施，后勤部负责物资和场地的准备，宣传部则负责活动的宣传和推广。各部门之间相互协作，形成高效的工作流程，确保活动的顺利进行。

在活动内容上，我们注重多元化设计，同时强化学生综合素养的培养。心理辅导部为学生和家长提供心理健康教育和亲子沟通指导；社会实践部组织学生参与海洋保护志愿活动，增强他们的环保意识和责任感；击剑服务部结合海洋主题，组织击剑训练和比赛，培养学生的体育精神和团队协作能力；海洋资源部则负责收集海洋教育资源，为学校教学提供支持。

为促进家校之间的沟通和协作，我们建立了定期的沟通机制，定期召开家长会，分享教育经验，讨论学生成长问题。同时，我们还鼓励家长之间、家长与教师之间进行交流和合作，共同分享教育资源和经验。

为了确保海洋家校共育项目的实施效果，我们制定了评估标准，对各类活动的效果进行定期评估，了解活动对学生的实际影响。同时，我们也鼓励家长和学生对活动提出反馈意见，以便我们不断优化活动内容和形式。

通过海洋家校共育项目的实施，我们相信能够为学生提供更多元化、更具有实践性的学习机会，促进他们的全面发展。同时，我们也期待与更多家长和社会各界共同携手，为学生的成长和未来贡献更多力量。

二、开展家长学校活动

为了进一步加强家校合作，促进家长与学校的紧密沟通，我校开展了一系列丰富多样的家长学校活动，旨在帮助家长更好地了解孩子的学习和生活，共同助力学生的健康成长。

（一）成立家长志愿服务队

随着社会的发展，雷锋精神也在与时俱进，雷锋助人为乐的精神已经发展成今天的志愿服务精神。2020学年第一学期，我校就制定了组建"家长义工服务队"的工作方案，并面向全体家长进行"义工服务志愿者"的招募。2021年3月5日下午，正值一年一度的学雷锋纪念日，我校隆重召开家长志愿服务队成立大会。广州父母学堂创始人、"i志愿"日行一善志愿服务总队创队总队长许化利老师以及新港中路小学全体行政人员、校级家委、班级家长义工代表等100多人参加了家长志愿服务队成立大会。家长志愿服务队由一群热心、有责任心、有时间和能力的家长自愿组成，他们将参与学校的各种活动，包括协助组织校园文化活动、参与学生安全教育、协助学校维护校园环境等。我们设立了爱心家长护学岗，每天上学时段，都能看到身穿黄色志愿者服装的家长义工在协助指挥交通，维持秩序，为孩子们铺就了一条平安上学之路。全体家长义工秉承"服务孩子，服务社会"的信念，热忱地参与到学校的管理工作和各项活动中。志愿服务既是对中华民族传统美德的继承和发扬，也是社会文明进步的重要标志和当代青少年的精神时尚。这支队伍的成立，将极大地增强家校之间的联系和互动，为学校的发展注入新的活力。

我们还定期邀请日行一善志愿服务总队老师为骨干志愿者进行培训，创队总队长许化利老师将他潜心多年的研究成果《善的教育——日行一善的108种方式》介绍给现场的家长们。他认为只有通过行善才能积德，家长践行志愿服务是促进家校共育的重要方式，希望家长们重视家校合作，带着孩子们一起做义工，培养孩子的爱心和社会责任感。

针对家长志愿者服务队，我们制定了奖励和激励机制，每学年，我们都会对优秀家长义工进行表彰和颁奖。

(二) 开设家长成长课堂

家长成长课堂是一个专为家长设立的学习平台，旨在帮助家长在育儿道路上不断成长和进步。通过邀请专家、成功家长以及专业讲师进行分享和讲解，家长成长课堂为家长们提供了丰富的育儿知识和实用的亲子沟通技巧。这个平台的作用在于，它不仅能够解答家长在育儿过程中遇到的困惑和问题，还能够激发家长的自我成长意识，让他们以更加科学、合理的方式教育孩子，为孩子的健康成长创造良好的家庭环境。为此，我们邀请专家进校开设各种主题讲座和专题讲座，讲座主题包括育儿心理学、家庭沟通、亲子关系、家庭教育等多个方面，旨在帮助家长成为更好的父母和教育者。以下是我校开展的部分专题讲座。

"跨越叛逆，拥抱理解"专题讲座：孩子的成长道路上，叛逆期是一道必经的关卡。为了帮助家长们更好地理解并应对这一挑战，我们邀请了儿童心理专家开展专题讲座。专家深入剖析孩子叛逆行为背后的心理动因，并提供了一系列切实可行的亲子沟通技巧。家长们学习到如何倾听孩子的内心世界，理解他们的感受和需求，以更加包容和理解的态度去面对孩子的叛逆行为，从而营造更加和谐的家庭氛围。

"正面管教，智慧育儿"专题讲座：在育儿道路上，许多家长都面临着诸多挑战和困惑。我们邀请讲师带来一场关于正面管教的专题讲座，为家长们提供新的育儿思路和方法。讲座中，讲师详细解读了正面管教的理念和原则，帮助家长们认识到惩罚和指责并非解决问题的最佳途径。同时，讲师还分享了一系列实用的育儿技巧和方法，让家长们学会用爱和尊重去引导孩子，培养他们的自尊心和自信心。通过这次讲座，家长掌握了更加科学、合理的育儿方式，用智慧和爱陪伴孩子健康快乐地成长。

"揭秘少年学霸：早起的魔力"分享会：成功考入大学的少年学生们，背后都有着不为人知的努力和坚持。本次分享会邀请了成功培养少年大学生的家长，他们对自己如何引导孩子养成早起学习的习惯进行了分享。家长们从中了解到早起学习不仅有助于孩子提升学习效率，更能培养他们自律、坚持的良好品质。同时，分享会还探讨了如何根据孩子的实际情况，为其制订个性化的早起学习计划，让每一个孩子都能享受到早起的魔力。

（三）开展家长进课堂活动

我校志愿者服务队携手广州青年志愿者协会日行一善志愿服务队共同发起"家长进课堂"活动，旨在邀请家长志愿者们走进学校，走进教室，以他们丰富的社会经验和人生智慧，协助教师们开展教学活动，同时也为孩子们树立榜样，传递正能量。

"家长进课堂"活动不仅丰富了教学内容，也增强了家校之间的联系。家长志愿者们来自各行各业，他们带着丰富的知识和经验，走进课堂，与孩子们分享他们的所见所闻与所思所感。这种互动不仅拓宽了孩子们的视野，也让他们感受到了来自社会的关爱和温暖。

对于教师而言，家长志愿者的加入，无疑是一种宝贵的支持。他们可以为教师提供来自家长视角的反馈和建议，帮助教师更好地了解孩子们的需求和兴趣，从而更加精准地制订教学计划和教学策略。同时，家长志愿者们还可以协助教师开展一些需要额外人力支持的教学活动，如组织户外实践、开展科学实验等，为孩子们创造更加丰富多彩的学习体验。

对于孩子们而言，家长进课堂更是一种难得的学习机会。他们可以在课堂上与家长们面对面交流，感受到家长们对自己的期望和关爱。同时，他们也可以从家长志愿者们身上学到许多书本上学不到的知识和技能，如社会经验、人际交往能力等。这种学习体验不仅有助于孩子们的成长和发展，也有助于对他们社会责任感和公民意识的培养。

家长进课堂还有助于树立榜样，传递正能量。家长志愿者们的言谈举止、精神风貌都会成为孩子们学习的榜样。他们通过自己的实际行动，向孩子们传递着积极向上的价值观和生活态度，激励着孩子们不断追求卓越、勇攀高峰。

总之，家长进课堂既丰富了教学内容、增强了家校联系，也为孩子们提供了宝贵的学习机会和榜样力量。

（四）邀请家长参与学校顶层设计

家长委员会成员作为学校与家庭之间的桥梁和纽带，在学校顶层设计中扮演着至关重要的角色。他们积极参与学校的各项决策过程，为学校的发展提供宝贵的意见和建议，共同推动学校教育教学工作的改进和提升。我校积极邀请家长参与学校海洋文化顶层设计。

首先，家长委员会成员通过深入了解学校的教育理念、教学目标和办学特色，能够更准确地把握学校的发展方向和重点。他们结合自身的专业知识和经验，提出切实可行的建议，帮助学校优化资源配置，提高教育教学质量。

其次，家长委员会成员积极参与学校的课程设置和教学改革。他们关注孩子们的学习需求和兴趣，与学校教师共同探讨如何更好地激发学生的学习兴趣和潜能。学校通过引入新的教学方法和手段，丰富课程内容，使教学更加符合时代发展和学生成长的需求。

此外，家长委员会成员还关注学校的海洋文化和环境的建设。他们参与学校的文化建设活动，倡导健康、积极、向上的校园文化氛围。同时，他们还关注学校的环境建设，提出改善校园环境的建议，为孩子们创造更加舒适、安全、美好的学习环境。

家长委员会成员深度参与学校顶层设计（见图5-2），不仅为学校的发展提供了宝贵的智力支持，也增强了家校之间的沟通和合作。他们的参与使学校的教育教学工作更加贴近实际，更加符合家长和学生的期望和需求，为学校的可持续发展奠定了坚实的基础。

图 5-2　家长参与学校顶层设计

(五) 开展全民阅读主题活动

家庭是社会的细胞,是缩小版的社会,是儿童生活的第一个环境,是孩子成长的摇篮。为贯彻落实党的二十大精神,充分发挥亲子阅读在培养孩子良好阅读习惯、传播科学家庭教育理念、传承中华优秀传统文化和优良家风、深入推进全民阅读进家庭活动中的作用,我校开展全民阅读主题活动,引导家长和孩子们共同阅读、分享阅读心得,培养孩子们的阅读兴趣和习惯,同时也为家长提供一个了解孩子学习情况的平台。

第六章 聚海灵：容通课程百舸争流

课程是小学教育的核心内容，海洋文化教育相关课程具有其特殊优势，及早在小学生中普及海洋知识，促使他们增强海洋意识，树立海洋国土观念，有助于小学生理解合作、共享、互通、共赢等社会文化理念，有助于实现育人与育才的统一，切实落实立德树人根本任务，培养德、智、体、美、劳全面发展的社会主义建设者和接班人。

第一节 海洋文化多元课程体系

海洋文化课程建设是推动海洋文化教育的重要环节，旨在全面提升学生对海洋文化的理解和认知。在课程设置方面，我校开设了一系列与海洋文化相关的课程，涵盖海洋历史、海洋生态、海洋科技等多个领域，旨在通过系统的教学安排，引导学生全面了解海洋文化的知识体系，培养他们的综合素质和跨学科学习能力。

一、建设梯度式课程

学生对海洋文化的认识、理解与感悟是一个循序渐进的过程，我校结合不同学段学生的认知规律，围绕"亲海、知海、护海"三大目标，隔周开展梯度式海洋文化教育特色课程。

低年级亲海课程主要围绕海洋美食、海洋民俗、海洋景观等内容展开，我校鼓励班主任教师和家长委员会利用节假日组织学生以小组为单位走近南海，让学生在勘察路线、准备行程、体验南海自然与人文风情、展示活动记录的过程中培养亲近海洋、热爱海洋的情感。

中年级知海课程则鼓励学生组成专题研究小组,通过搜索资料及听取讲座等方式认识南海,或了解海水的性质、海水的运动、海底的神秘,或探究南海生物的多样性、南海产业的多样性、海洋空间的利用,进一步丰富和提升学生对海洋文化的认知与热爱。

高年级护海课程是在南海局科研团队的带领下组织学生围绕南海渔业资源良性循环、南海濒危生物保护、南海污染防治等课题展开研究,让学生在研究中了解人类活动对海洋的影响,形成保护海洋环境的意识和自觉行为,学会保护海洋的方式、方法,促使学生在真实的情境学习中形成强烈的社会责任感和良好的实践创新能力。

为丰富"亲海、知海、护海"三大特色课程的内容结构及实施方式,我校在海洋日、科技周、科普宣传周等重要时间节点,联合共建单位组织相应的科普讲座活动。例如,在全国防灾减灾日,我校联合国家海洋局南海预报中心的科普讲师面向高年级学生举办了"海洋灾害的影响和预防(海洋大气科学)"专题讲座;在全国海洋宣传日,我校联合生态中心的科普讲师面向中年级学生举办了"典型海洋生态系统(海洋生物生态学)"专题讲座;在世界地球日,我校联合南沙野外站的科普讲师面向低年级学生组织开展了"美丽的珊瑚礁"观赏活动。我校通过对有梯度、符合学生认知水平的特色课程的开发与高效实施,有效唤醒了学生的海洋意识。

二、建设全校性综合课程

我校通过构建立体化的海洋文化教育生态场,让学生在校园内外近距离了解海洋、接触海洋。我校开设了全校性海洋文化教育综合课程,形成了贯穿课内课外、校内校外,立体多元的海洋文化教育生态场,让每个学生都能在海洋文化的浸润中成长为品德高尚、身心健康、情趣高雅、热爱劳动,具有创新精神和实践能力,能够担当民族复兴重任的时代新人。

我校组织开展了"乘风破浪 逐梦启航"系列德育活动,即结合重大节日、纪念日和传统节日等开展教育活动，旨在培养学生的海洋文化素养。例如，我校结合学雷锋活动月，组织开展"争当海洋科普宣讲员"志愿者活动：学生利用课余时间查阅、学习海洋知识及讲解员形体礼仪、姿态礼仪后，到校内海洋科普室做科普宣讲员，或以录制视频等形式进行线上科普讲述，以此培养学生提升自我、服务他人、奉献社会等意识。

我校与共建单位合作构建和实施每月一次的全校性海洋主题第二课堂，其内容包括海洋拓展课程、海洋实践课程、海洋主题宣讲三大板块。海洋拓展课程是在学校原有红领巾广播站的基础上，打造海洋演播室，让学生在相关专业导师的带领下近距离体验海洋主题电视节目的制作全过程。海洋实践课程则由共建单位的专家带领学生开展相关的实践探究活动。例如，在海洋垃圾来源调查和清理活动中，南沙野外站的专家便组织学生近距离接触海洋，感知海洋环境污染所带来的危害，使学生树立关爱海洋的观念，形成以实际行动保护海洋环境的意识。海洋主题宣讲包括"海洋法律""海洋战略价值""海洋权益保护"等宣讲主题，由共建单位的科普讲师为不同年级的学生普及相关海洋知识，具体科普内容如表6-1所示。在课程形式上，我校的海洋主题第二课堂不拘一格，如联合南海局和三沙卫视拍摄《保护红树林，保护海洋生态》全国海洋日主题公益宣传片，学生在拍摄过程中，即在参与海洋拓展课程的过程中，逐步培养了亲海、知海、护海等观念意识。又如我校将海洋科技和"智慧校园"相结合，通过VR等高科技技术实施海洋主题宣讲课程，高清多维的视觉效果给学生带来了更加直观、具象、身临其境的美好体验。

表6-1　我校部分科普课堂主题内容

主题	日期	年级	内容	讲师单位
珊瑚礁科普	9月7日	三年级	珊瑚礁相关科普	南海环境监测中心
	9月14日	四年级		

续上表

主题	日期	年级	内容	讲师单位
海洋旅游科普	10月19日	二年级	海洋旅游相关科普	南海规划与环境研究院
	10月26日	一年级		
海洋法律知识	11月23日	五年级	法律知识	南海局资源处
	11月30日	六年级		

第二节 "海洋+"融合课程

我校与自然资源部南海生态中心联合打造全国海洋科普教育基地，开发海洋特色素质教育课程体系。课程开发从海洋出发，欣赏海洋之美，感受海洋魅力，学习海洋精神，推进海洋文化、海洋知识与学科课程的融合实践研究，构建"海洋+"系列融合课程，如"海洋+语文""海洋+数学""海洋+英语""海洋+信息""海洋+心理""海洋+科学"等，推进了学校课程与海洋特色课程的整合与实践，引导学生关心海洋、认识海洋、热爱海洋，深刻领悟"心港有容，志通四海"的丰富内涵，形成"蓝色国土"观念，增强爱国意识，树立建设海洋强国的远大理想，成为"容心容德，通才通志"的容通学子。

一、海洋+综合实践课程

"海洋+综合实践课程"的核心理念是让学生与海洋建立起深厚的情感纽带，真正以海为伴，感悟海洋的宽广与深邃。本课程旨在引领学生深入探究海洋文化背后的劳动创新精神，使他们能够亲身体验并理解劳动的价值与意义。出门见海，以海为家，沿海地区的人们在海边生息繁衍的过程中逐渐形成了独具特色的海洋习俗。课程通过一系列实践活动引导学生探究广州的海洋民俗文化和劳动创新之间的联系，倡导学生进行亲身实践，领悟海洋的劳动精神，感悟劳动的意义。例如，在烹饪海洋美食的过程中，他们享受了劳动带来的美味成果，同时感悟到海洋资源的珍稀与宝贵；在通过种植绿植来美化环境的过程中，他们亲身感受到了生命的成长与变化；在亲手制作与海洋相关的手工艺品过程中，他们的动手能力得到了提升，环保意识也得到了一次深刻强化。整体而言，本课程通过劳动技能的训练，全面提升了学生的动手实践能力与创造性思维能力，激发了他们的环保意识，让他们更加热爱并珍惜这片蓝色国土，为保护海洋、珍爱生命贡献自己的力量。

二、海洋+艺术课程

为深化学校的海洋文化内涵，同时促进学生全面而幸福地成长，我校将海洋文化与艺术课程进行融合，面向全校师生、家长以及社会各界爱心人士和专业设计师，发起了一场别开生面的海洋文化卡通形象征集活动。此次活动激发了大家的无限创意和热情，共收到了百余份富有创意的作品。经过精心筛选和评审，我们最终确定了两种极具海洋特色的代表形象——自由翱翔的海鸥和聪明伶俐的海豚。它们被赋予了生动的名字——"容容"和"通通"，寓意着新港中路小学的学子们如同海鸥搏击长空、海豚遨游海洋，勇往直前，探索无限。为进一步传承和弘扬海洋文化，我校利用传统节日的契机举办海洋文化融合艺术类活动（见图6-1），如在国庆节期间隆重举办"喜迎二十大，共绘海洋梦"书画比赛，比赛深入贯彻落实了习近平总书记关于"进一步关心海洋、认识海洋、经略海洋"的重要指示精神，鼓励学生们用画笔描绘出他们心中的海洋学校、美丽的海洋景色以及神奇的海洋世界。通过这些活动，我们期望学生们能够更深刻地感受到海洋与艺术的完美结合，同时也为学校的海洋文化建设增添了一抹亮丽的色彩。

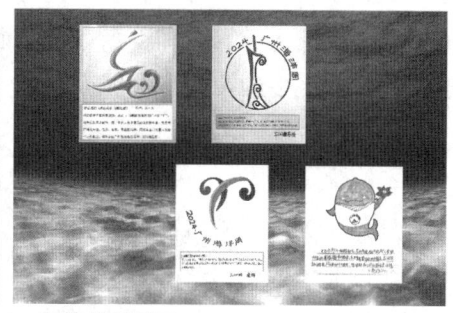

图6-1 相关作品展示

三、海洋+科学课程

在科学与海洋的交汇点上，我们精心策划了一系列富有创新性和教育意义的课程活动。通过红领巾电视台的海洋专题节目，我们为学生们呈现了一个丰富多彩的海洋世界，激发了他们对海洋的无限好奇与探索欲望。同时，我们组织了海洋科普知识讲解员培训，让学生们成为传播海洋知识的使者，提升他们的自我表达和沟通能力。我们引导学生们深入了解世界海洋日和海洋清洁日，让他们明白作为地球公民，我们有责任也有能力为海洋的保护贡献自己的力量。从日常生活中的点滴小事做起，我们鼓励学生们树立起保护海洋的坚定意识，将这份关爱付诸行动。课余时间，我们倡议学生们走出教室，实地探访广州海珠湿地公园、南沙湿地公园等自然宝地。在这里，学生们通过观察红树林的生机与活力，学习如何文明观鸟，进一步培养海洋生态意识和环保意识。同时，通过完成观鸟记录表等实践活动，学生们将课内的科学知识在课外进行充分地应用和拓展延伸，这不仅提高了他们的实践能力，还增强了他们应用知识的意识和创新精神，促进了跨学科融合学习。此外，我们积极组织学生参加船模比赛、海洋知识竞赛等丰富多彩的活动。这些活动不仅加深了学生们对海洋生态、海洋环境、海洋地理等知识的了解，还激发了他们对海洋科学的浓厚兴趣。同时，这些活动也吸引了更多师生、家长和社会各界的关注，大家共同为海洋的保护与合理开发、利用贡献力量。

通过这一系列科学与海洋相融合的课程活动，我们致力于培养具有海洋情怀、科学素养和创新精神的新时代青少年，为他们的成长之路注入更多的智慧与力量。

四、海洋+心理课程

广州是一座承载着深厚的海洋印记的海港城市，自古以来便与浩渺的海洋紧密相连。为了深入挖掘这一地域特色与发展脉络，我们的课程设计巧妙融合了广州的海洋文化与心理健康教育。通过引导学生学习21世纪的"海洋强国"发展战略和海上丝绸之路的辉煌历史，我们旨在培养学生的国际视野与全球意识。同时，课程鼓励学生们走进博物馆、图书馆等文化殿堂，亲身感受广州丰富的海洋文化故事和独特的人文精神。通过拓展性的研学活动，学生们能够深刻体悟广州海港精神的探索进取与包容并蓄，感受这座城市海纳百川的胸怀。这样的学习体验不仅让学生们对广州的历史、地理、自然环境产生了深厚的情感，更激发了他们热爱生活、热爱家乡的情怀。在这一过程中，学生们的心态也将得到积极的塑造与升华。他们将以更加积极阳光、豁达宽厚的心态面对生活中的挑战与困难，更加自信、自强地走向充满希望的未来。我们的课程致力于培养具有海洋情怀、人文底蕴和积极心态的新时代青年，为他们的成长之路注入更多的力量与智慧。

五、海洋+体育课程

击剑是我校鼎鼎有名的传统运动项目，获奖无数。击剑不仅是一项精湛的技巧展示，更是对海洋文化精神力量的完美诠释。它要求我们拥有"容"的心态，宽容从容，同时也需要"通"的行动，面对变化能够迅速做出判断。击剑课程不仅教导学生实用的防身技能，更在锻炼中提升学生的快速应变能力，使学生们在面对危机时，能够保持从容、冷静，仔细观察，并迅速做出判断。在对抗中，他们不仅能享受到博弈的乐趣，体验成功的喜悦，更能激发出奋发向上的斗志和热情。更重要的是，击剑课程引导学生拥有宽容的心态，以及胜不骄败不馁的宝贵品质。为了给学生提供更好的学习和竞技环境，我校重新建设了击剑室，修建了专业赛道，并聘请了专业教练进行指导。此外，学校还积极搭建参赛平台，鼓励学生勇往直前，拼搏奋发，不断挑战自我，超越极限。

六、海洋+学科课程

海洋文化教育课程与传统的小学学科课程不同，其跨学科、跨领域的内容较多。因此，开发多学科融合的海洋文化教育课程，不仅有利于学校教师与共建单位专家之间，以及不同学科教师之间的多样化合作，而且有利于形成学科间有机衔接的知识结构，从而将知识多侧面、多角度、立体化地呈现给学生，实现学生核心素养的全面培养。我校联合南海生态中心的专家团队，共同规划设计实施了"海洋+"跨学科课程，构筑了海洋文化教育的新样态。具体以语文、艺术和科学这几门学科为试点，不同学科通常围绕一个大主题设置课程内容，组织学生围绕特定主题开展项目式学习。例如，语文学科以"蓝色海洋畅想未来"为主题，分年段开展海洋科普征文比赛，倡导学生积极参与相关写作活动，其优秀作品将被收录在校报中，用于海洋知识的宣传，从而在全校甚至全区范围内推广和普及海洋知识，在学生中树立探索海洋、认识海洋、保护海洋的意识。又如美术学科以"我心中的海洋"为主题开展长卷画绘制、手工制作等活动：低年级学生在教师引导下了解不同类别的海洋生物，并利用相关手工教程和材料包制作海洋生物手工作品；中高年级学生则以班级为单位，每周固定时间在操场上绘制百米海底生态长画卷，展现海洋生物的神秘和美丽，增强海洋保护的观念和意识。科学学科则通过指导学生参加船模制作比赛、海洋知识竞赛等，加强学生对海洋生态、海洋环境、海洋地理等知识的掌握，吸引更多师生、家长和社会各界关注海洋，合理开发利用海洋，保护海洋。

第三节 海洋文化特色课程

海洋文化特色课程的设计旨在引导学生深入探索海洋的奥秘，培养学生对海洋的尊重与热爱之情，并领略海洋文化所蕴含的丰富内涵与深远意义。通过这门课程，学生将有机会接触到海洋科学、海洋历史、海洋艺术以及海洋生态等多个方面的知识，从而对海洋文化形成全面而深刻的认知。

一、海洋科普课程

我校通过联合开展家校合作、师生共建等多种形式，构建海洋科普课程，并巧妙利用自然资源部南海局的独特优势，开展一系列丰富多元且充满趣味性的海洋科普课程活动。这些活动包括"海洋科普知识进校园"这一创新性的第二课堂主题活动、一系列引人入胜的海洋科普系列主题讲座（见表6-2），以及充满知识性的海洋科普知识巡展（见图6-2）。通过对这一系列活动的策划，学校成功地构建了一个既生动活泼又充满教育意义的海洋课堂环境，使学生们能够在一种轻松愉悦、寓教于乐的氛围里，自然而然地汲取海洋知识的甘露。这不仅拓宽了他们的认知视野，也让学习之旅变得更加丰富多彩且印象深刻。

表6-2 我校部分海洋主题讲座目录

序号	海洋主题讲座	专家人员	参加人员
1	因海生 向海行 传承海洋精神 实现强国梦想	钟陈辉校长	全校师生
2	珊瑚来信 守护奇妙海洋	"星球研究所"和"海洋世界文化无限"等视频号	全校师生

续上表

序号	海洋主题讲座	专家人员	参加人员
3	海洋环境调查	海军基地专家	大队委及学生干部
4	珊瑚礁的十万个为什么	南海生态中心专家	六年级学生
5	有趣的海洋调查	南海生态中心专家	四年级学生
6	海纳百川心港湾	曾文秀	一年级家长
7	海纳百川心港湾 乘风破浪通四海	钟陈辉校长	全校师生
8	欢迎来到核的世界	生态中心专家	六年级学生
9	"先进的海洋科技"微讲座（10期） （1）我国的领海有多大？ （2）领海以外是什么区域？ （3）海洋调查是什么？ （4）海底也有森林吗？ （5）为什么要远洋捕捞？ （6）塑料垃圾的危害到底有多大？ （7）热带气旋是什么？ （8）还有哪些海洋灾害？ （9）海上也有丝绸之路？ （10）一起去海洋旅行吧！	学校海洋小卫士广播员：轮流进行	全校师生
10	海洋教育之影响发展的哪几个因素	羊城社区中心主任	五年级学生（分场互动）
11	海洋教育之影响发展的哪几个因素	羊城社区中心主任	五年级家长

图 6-2 "海洋微塑料"主题讲座

自 2020 年以来，我校联合自然资源部南海局组织了"海洋主题第二课堂"宣讲活动，自然资源部南海宣讲团的讲师们带来了海洋调查、海洋防灾减灾等系列知识的科普课程，课程教学过程中充满了妙趣横生的讲解、深度互动的体验。学生们在欢声笑语中增长知识，个个都成了"海洋小达人"。例如，春季学期课程中，学生纷纷在课堂中获得的纪念明信片上写上自己的感想，由南海局工作人员带到三沙市永兴岛，又经三沙市邮局寄回到每个学生手中。海洋科普课程在孩子们心中种下了一颗颗关心海洋、爱护海洋的种子。此外，我校还陆续推出以"海洋旅游"和"海洋法律"为主题的科普讲座（见图 6-3），为不同年龄阶段的学生普及海洋知识，得到了学校师生的一致好评。

图6-3 "海洋法律知多少"主题讲座活动

在2020年的世界海洋日暨全国海洋宣传日,我校联合自然资源南海局和三沙卫视,一起拍摄了《保护红树林 保护海洋生态》全国海洋日主题公益宣传片,并在"学习强国"App上播放,培养了学生们知海、爱海、护海的意识。2021学年第一学期,我校与南沙珊瑚礁生态系统国家野外科学观测研究站(简称"南沙野外站")联合主办了两场珊瑚礁"小小讲解员"培训活动,由南沙野外站专家徐帅良为三至六年级的二十多名学生代表进行珊瑚礁知识讲解基本功培训,旨在培养出可以在学校珊瑚礁主题科普教室进行科普解说的"小小讲解员"。通过两场培训,小学员们掌握了珊瑚礁的相关基础知识,学习了讲解员的讲解礼仪、形体和态势、讲解方法与技巧等,离成为一名合格的"小小讲解员"的目标更近一步,大家都期待"正式上岗"的那天。

我校不仅成功举办了"红领巾探索海洋"知识讲座,邀请了知名院士分享其宏大的海洋观念及中国海洋未来发展的多元愿景,还巧妙融合海洋文化特色，创建了一系列富有教育意义的班级活动。这些活动包括悠扬的海洋音乐会、启迪智慧的海洋读书会、诗意盎然的"海之梦"诗歌会、创意无限的海洋艺术课堂，以及激动人心的海洋知识竞赛。通过这些丰富多彩的形式，我们为孩子们缓缓揭开了海底世界的神秘面纱，激发了他们对广阔海洋的无限憧憬与向往，用实际行动感召着一颗颗年轻的心灵，共同筑梦海洋未来。

二、海洋文化系列课程

海洋文化课程建设是推动海洋文化教育发展的重要环节，旨在全面提升学生对海洋文化的理解和认知。在课程建设过程中，我校编写了一套海洋文化系列读本，涵盖美文、美术、音乐、诗词、数学、科技等多个领域，以确保内容的全面性和多样性，帮助学生了解海洋文化的丰富内涵，激发他们的学习兴趣和创新思维。本系列读本包括《经典的海洋美文》《唯美的海洋诗词》《绚烂的海洋美术》《有趣的海洋数学》《先进的海洋科技》《美妙的海洋音乐》6本（见图6-4至图6-9），以及《海洋文化解读小册子》（见图6-10）。此外，以上读本还被做成了线上电子书在学校微官网及微信公众号进行宣传，免费供有兴趣开展国家海洋教育的学校或家长使用。

（1）《有趣的海洋数学》

微官网网址：https://m.xiaoyuanhao.com/micro/app/micrositeV4/articleDetail?id=3835203&corpid=wwOcb78f145c28d84d&orgid=440105-SO000089&ispreview=undefined

微信公众号网址：https://mp.weixin.qq.com/s/3sRaOR7jxxTJauqCUBgKzA

酷画册网址：https://app.kuhuace.com/player/index.html?id=1186788194331394048

(2)《唯美的海洋诗词》

微官网网址：https://m.xiaoyuanhao.com/micro/app/micrositeV4/articleDetail？id=3835202&corpid=wwOcb78f145c28d84d&orgid=440105-SO000089&ispreview=undefined

微信公众号网址：https://mp.weixin.qq.com/s/HHIPGmp8geZmXd3oN6R-uw

酷画册网址：https://app.kuhuace.com/player/index.html?id=1184699674053836800

(3)《先进的海洋科技》

微官网网址：https://m.xiaoyuanhao.com/micro/app/micrositeV4/articleDetail？id=3835195&corpid=wwOcb78f145c28d84d&orgid=440105-SO000089&ispreview=undefined

微信公众号网址：https://mp.weixin.qq.com/s/kQfYgLuhCxp-krTBwEb-WA

酷画册网址：https://app.kuhuace.com/player/index.html?id=1184675401817915392

(4)《美妙的海洋音乐》

微官网网址：https://m.xiaoyuanhao.com/micro/app/micrositeV4/articleDetail？id=3835191&corpid=wwOcb78f145c28d84d&orgid=440105-SO000089&ispreview=undefined

微信公众号网址：https://mp.weixin.qq.com/s/GbYbW6Co4gcwRs6pEkQIg

酷画册网址：https://app.kuhuace.com/player/index.html?id=1184673467383939072

(5)《绚烂的海洋美术》

微官网网址：https://m.xiaoyuanhao.com/micro/app/micrositeV4/articleDetail？id=3831970&corpid=wwOcb78f145c28d84d&orgid=440105-SO000089&ispreview=undefined

微信公众号网址：https://mp.weixin.qq.com/s/gvomHrBZ2LiH8erNbK15rA

酷画册网址：https://app.kuhuace.com/player/index.html?id=1184667595773575168

（6）《经典的海洋美文》

微官网网址：https://m.xiaoyuanhao.com/micro/app/micro-siteV4/articleDetail?id=3830971&corpid=wwOcb78f145c28d84d&orgid=440105-SO000089&ispreview=undefined

微信公众号网址：https://mp.weixin.qq.com/s/4w8YsfiFk1osWuuhfltoQ

酷画册网址：https://app.kuhuace.com/player/index.html?id=1181420921282363392

（7）《新港中路小学海洋文化解读小册子》

酷画册网址：https://app.kuhuace.com/player/index.html?id=1185078573946372096

（8）《有趣的贝壳（部分）》

酷画册网址：https://app.kuhuace.com/player/index.html?id=1198123653879824384

图 6-4 《经典的海洋美文》

图 6-5 《唯美的海洋诗词》

图 6-6 《绚烂的海洋美术》

图 6-7 《有趣的海洋数学》

图 6-8 《先进的海洋科技》

图 6-9 《美妙的海洋音乐》

图 6-10 海洋文化解读小册子

图6-11 《有趣的贝壳》电子书封面

图6-12 "有趣的贝壳"宣传展板

海洋文化系列课程通过系统的教学安排，引导学生全面了解海洋文化知识体系，培养他们的综合素质和跨学科学习能力。在教学过程中，教师采用多种教学方法，包括课堂讲解、实地考察和实验探究等，以激发学生的学习热情和积极性，促进他们自主学习和合作学习。

三、线上科普课程

在与兄弟学校和共建单位的交流中，我们编制海洋文化小册子，开展海洋文化宣传介绍。来访的单位包括兄弟学校：贵州省瓮安县江界河学校、广东省广州市海珠区外国语附属小学、广州市海珠区华光小学等；共建单位包括自然资源部南海局、中国电科集团第七研究所。

近年来，我校企业微官网及微信公众号经常宣传推介南海生态中心组织专家撰写的各类海洋科普文章及小视频。学校在一楼专门配备了两台电脑供学生使用。电脑桌面上有自然资源部南海局打造的"珊瑚礁图鉴"小程序和各类珊瑚礁生物生态科普资源。

第四节 海洋文化课程评价

我校在海洋文化课程评价方面，展现了一系列富有创意和实效性的方法和技巧，这些不仅体现了学校对海洋文化教育的高度重视，也为学生提供了深入了解和体验海洋文化的宝贵机会。

一、多元化的评价方法

首先，学校在海洋文化课程评价中采用了多元化的评价方法。除了传统的笔试和测验，还引入了实践活动、项目作业、小组讨论等多种形式。例如，学生可以通过参与海洋实地考察、制作海洋主题的手抄报、进行海洋环保宣传等活动，展现自己对海洋文化的理解和实践能力。这种多元化的评价方式，能够更全面地反映学生的学习成果，同时也有助于激发学生的学习兴趣和积极性。

其次，学校在海洋文化课程评价中注重过程性评价。教师会关注学生在学习过程中的表现，包括学习态度、参与程度、合作精神等，并给予及时的反馈和指导。这种评价方式能够帮助学生及时发现自己的不足和问题，进而调整学习策略和方法，提升学习效果。同时，过程性评价也有助于教师更深入地了解学生的学习需求和兴趣点，为后续的教学提供有针对性的指导。

此外，学校在海洋文化课程评价中还采用了学生自评和互评的方式。学生可以通过自我评价和互相评价，更深入地了解自己的学习成果，同时也能够学习他人的优点和长处。这种评价方式能够增强学生的自主性和参与感，提高评价的客观性和公正性。

在评价技巧方面，学校注重评价的针对性和实效性。教师会根据学生的学习情况和需求，为其制定个性化的评价方案，确保评价能够真正反映学生的学习成果和进步。同时，学校也注重评价的反馈和指导作用，通过及时地反馈和指导，帮助学生更好地认识自己的优势和不足，进而制订有针对性的学习计划和提高策略。

总之，我校在海洋文化课程评价方面展现了一系列富有创意和实效性的方法和技巧。这些方法和技巧不仅有助于全面、客观地评价学生的学习成果，同时也能够激发学生的学习兴趣并提高学习积极性，从而提升学习效果。

二、海洋主题学业测试

评价是育人工作必不可少的重要环节，也是推动海洋文化教育在小学深入开展的重要途径之一。我校通过创新"海洋+评价"方式，构建了体现海洋文化教育特色的"1+1"评价机制，激励学生获得全面发展。两个"1"分别指广州市中小学统一使用的综合素质评价系统，以及体现我校校本海洋文化教育特色的评价方式。具体做法如下。

一是在学生综合素质评价中融入海洋元素。例如，以"海洋总动员"为主题开展项目式闯关活动对低年级学生的语文学业水平进行综合测评。学生只要完成"拾贝大挑战"（包括课内识字、课外识字、查字典等）、"捕鱼小达人"（具体为口语交际、背诵积累等）、"多彩珊瑚丛"（具体为课外阅读）等闯关项目，便可获得相应的海洋生物印章。如此，既可激发学生参与学业水平测评的兴趣，亦能彰显学校的海洋文化教育特色。

二是设计海洋文化教育活动评价量表，以海洋知识、实践能力、研究意识、科学品质等为评价维度，由教师、学生小组、家长、共建单位科普讲师或专家等对学生学习海洋文化教育特色课程的过程与结果进行过程性评价和终结性评价，促使学生更加关注自我品质或能力的提升。例如，学生在策划和制作海洋主题电视节目的过程中，会参照评价量表，有意识地全面记录策划理念、策划方案、方案实施过程等，以便参与评价，真正实现了以评促学的课程评价目的。

实施海洋文化教育是我校推动教育多元化的重要举措之一，也是我校落实立德树人根本任务的重要途径之一。未来，我校还需不断深化海洋文化教育的实践探索，以海育人，助力新时代学子在海洋文化的浸润下扬帆起航。

第七章 圆海梦：学校海洋文化办学成果与发展愿景

作为时代的探索者，我们以"圆海梦"为信念，将海洋文化融入教育的血脉，培育出一代又一代具有海洋情怀和智慧的容通学子。回望过去，我们欣喜于海洋文化办学所取得的丰硕成果；展望未来，我们满怀信心地勾画出一幅宏伟的发展蓝图。让我们携手并进，以海洋为舞台，以教育为笔，共同书写"圆海梦"的壮丽篇章，为培养具有全球视野和海洋精神的未来公民而不懈努力。

第一节 学校海洋文化办学成果

我校通过加强与科研院所的协作、建设海洋文化教育校本课程以及在学生综合素质评价中融入海洋元素等措施，成功地开展了海洋文化教育实践并取得显著成效。这不仅提升了学生的海洋文化素养和综合能力，也为我国海洋文化的传承与创新做出了积极贡献。

一、海洋文化的传承与创新

学校倾力打造了一个沉浸式的海洋文化环境，让浓厚的海洋文化氛围弥漫在校园的每一个角落。通过将海洋标本、前沿的海洋科技知识、精美的海洋艺术作品以及专业的海洋设备设施等元素巧妙地融入日常教学活动和学生课余生活中，学校成功地将海洋文化元素融入校园，营造出一种无处不在的海洋氛围。在这种全天候的海洋文化氛围浸润下，学生仿佛置身于蔚蓝的海洋之中，无时无刻不在接受着海洋文化的熏陶。

学校的海洋文化课程设置丰富多样，体系完善，旨在满足学生个性化发展和全面发展的需求。通过对这些课程的学习，学生不仅能够深入了解海洋的奥秘，更能够培养出包容之心、兼容之学和从容之行的品质。此外，学校还定期举办丰富多彩的海洋文化活动，如海洋文化节、海洋知识竞赛等。这些活动不仅为学生提供了一个展示自己才华的舞台，更让海洋文化的魅力得以充分展现。在参与活动的过程中，学生不仅能够感受到海洋文化的独特魅力，更能够加深对海洋文化的理解和热爱。

我校不仅注重海洋文化的传承，还鼓励学生进行文化创新。学生通过实践活动和创意设计，将海洋文化与现代科技相结合，推动海洋文化的多元化发展。

总而言之，学校已经形成了浓厚的海洋文化氛围，为培养学生成为具备海洋文化素养的新时代人才奠定了坚实基础。

二、师生海洋素养提升

（一）学生——心有容量，志通四海

通过海洋文化办学，我校学生的海洋素养得到了显著提升，特别是在学生兴趣与特长的发展方面，取得了显著的成果。这一成果不仅体现在学生们对海洋知识的深入了解和热爱上，更体现在他们心态的开阔、视野的拓展以及行动上的从容与宽容。

1. 学生兴趣与特长的发展

海洋文化教育的实施，为学生们提供了一个丰富多彩的探索平台。通过参与各种海洋文化主题活动、竞赛和实践活动，学生们逐渐培养出了对海洋的浓厚兴趣。他们开始主动探索海洋的奥秘，学习海洋知识，甚至有些同学因此产生了深入研究的想法。同时，这些活动也为学生们提供了展示自己特长的机会，他们在海洋绘画、海洋摄影、海洋文学创作等领域展现出独特的才华和创意。

（1）学生兴趣的广泛培养。我校在海洋文化教育中注重培养

学生对海洋的兴趣和热情，通过举办海洋文化节、海洋知识讲座、海洋主题展览等丰富多彩的活动，为学生提供了一个了解海洋、认识海洋的平台。这些活动不仅让学生感受到海洋的魅力和神秘，还激发了他们对海洋知识的探索欲望。同时，学校还鼓励学生参与海洋相关的课题研究、科学实验等活动，让他们在亲身实践中深化对海洋的认识和理解。通过这些活动，学生们对海洋文化的兴趣逐渐从单纯的喜好转变为想要深入研究与探索。

（2）学生特长的突出发展。在海洋文化的熏陶下，许多学生开始展现出自己在海洋文化方面的特长和天赋。他们积极参与海洋文化相关的竞赛和活动，如海洋知识竞赛、海洋绘画比赛、海洋摄影大赛等，并取得了优异的成绩。在海洋知识竞赛中，学生们通过查阅资料、学习交流等方式，积累了丰富的海洋知识，并在比赛中展现出了自己的才华和实力。在海洋绘画和摄影比赛中，学生们用画笔和镜头记录下了海洋的美丽和神秘，表达了自己对海洋的热爱和向往。这些特长的发展不仅为学生们带来了荣誉和自信，也让他们更加深入地了解了海洋文化，并在实践中不断提升自己的海洋素养。

（3）学生综合能力的提升。海洋文化教育的实施，让学生们的综合能力也得到了显著提升。他们不仅掌握了丰富的海洋知识，还学会了如何运用所学知识解决实际问题。在参与海洋相关的课题研究、科学实验等活动过程中，学生们学会了搜集资料、分析数据、撰写报告等科研方法，这些能力对于他们未来的学习和工作都具有重要意义。同时，海洋文化教育还注重培养学生的团队合作能力和创新精神。在参与海洋文化相关的团队项目和竞赛过程中，学生们学会了如何与他人合作、如何分工协作、如何共同完成任务。这些能力的培养对于学生们未来的社交和职业发展都具有重要意义。

我校通过海洋文化办学，让学生在海洋文化方面的兴趣和特长得到了充分发展，综合能力也得到了显著提升。这些成果不仅展示了学校在海洋文化教育方面的成果和特色，也为学生们未来的发展奠定了坚实的基础。

2. 学生具有包容之心

海洋的广阔无垠和包容性让学生们学会了尊重和理解不同的文化和观点。他们逐渐具备了包容和豁达的心态,更加通情达理。在与他人的交往中,学生们懂得了倾听他人的想法和需求,尊重差异,寻求共同点,从而与他人建立起深厚的友谊。这种包容之心不仅让学生们在学校生活中更加和谐融洽,也为他们未来的社交和职业发展奠定了坚实的基础。

3. 学生具有兼容之学

海洋文化教育的实施让学生们认识到了跨学科知识融合的重要性。他们开始将海洋知识与其他学科知识相结合,形成了贯通式的知识体系。这种兼容并蓄的学习方式让他们更加全面地了解世界,培养了他们的综合素质和创新能力。学生们不仅掌握了丰富的海洋知识,还学会了如何将这些知识应用到实际生活中去解决问题。

4. 学生具有从容之行

在海洋文化的熏陶下,学生们逐渐形成了从容不迫、宽容待人的行事风格。他们懂得在面对困难和挑战时保持冷静和理智,寻找解决问题的方法。同时,他们也学会了宽容和包容他人的错误和不足,以更加开放和包容的心态去面对世界的变化。这种从容之行让学生们在未来的学习和生活中更加自信和从容。

总之,学校通过海洋文化办学,让学生们在兴趣与特长、心态、学习方式和行事风格等方面都得到了显著的提升。这些提升不仅让他们更加深入地了解和热爱海洋文化,也为他们未来的成长和发展奠定了坚实的基础。

(二) 教师——课程意识的提升

随着海洋文化教育的深入开展,我校教师队伍也经历了一场深刻的变革。他们不仅成为传授知识的教育者,更成为具有海洋文化底蕴的容通教师。

我们的容通教师具备深厚的海洋文化素养，他们热爱海洋，关注海洋文化的发展，并将这种热爱和关注融入自己的教学中。他们深知海洋文化教育的重要性，不仅致力于向学生传授海洋知识，更注重培养学生的海洋意识、海洋情感和海洋责任感。

在课程的开发和实施上，教师们积极探索适合学生的教学方法和手段。他们根据学生的年龄特点和认知水平，设计了一系列与海洋文化相关的课程和活动，让学生在轻松愉快的氛围中学习海洋知识，感受海洋文化的魅力。同时，他们还注重跨学科知识的融合，将海洋文化与语文、数学、科学等学科相结合，形成了贯通式的知识体系，帮助学生更好地理解和应用所学知识。

在教学过程中，教师们注重培养学生的实践能力和创新精神。他们鼓励学生参与各种海洋文化实践活动和竞赛，让学生在实践中深化对海洋文化的理解，并学会将所学知识应用到实际生活中去解决问题。同时，他们还注重培养学生的合作精神和团队意识，让学生在团队项目中学会与他人合作，分工协作，共同完成任务。

我们的教师们不仅关注学生的学习成果，更关注学生的全面发展。他们注重学生的品德教育和心理健康教育，关注学生的身心健康和情感体验。他们与学生建立了深厚的师生情谊，成为学生成长道路上的引路人和朋友。

总之，随着海洋文化教育的深入开展，我校的教师能力得到了显著提升。他们成为具有海洋文化底蕴的容通教师，不仅具备深厚的海洋文化素养和教学能力，更致力于促进学生的全面发展和成长。他们的努力和付出为学校的海洋文化教育注入了新的活力和动力。

(三) 家长——有海洋文化底蕴的容通家长

随着海洋文化教育的深入开展，家长们逐渐认可海洋文化，并将海洋文化内化为自身的教育行为。家长们不仅心胸开阔、豁达，而且积极主动参与学校的各项活动，与学校共同助力孩子的成长。

家长在参与学校活动方面表现出较高的积极性和参与度。他们通过参与家校合作活动，如家长会、家长志愿者等，与学校建立了紧密的合作关系。在家长会上，他们深入了解孩子在学校的学习和生活情况，与学校老师面对面交流，共同讨论孩子的教育问题。作为家长志愿者，他们积极协助组织学校的运动会、文艺演出等活动，为学校提供有力的支持。

家长主动了解学校的文化和教育理念。他们通过参观学校、阅读学校资料等方式，深入了解学校的教学设施、课程设置和师资力量，更深入地理解学校的教育方向。这种对学校的了解使他们能够更好地与学校合作，共同为孩子的成长助力。

在有效陪伴孩子成长方面，我们的家长也做得非常出色。他们不仅参与孩子的学习，与孩子一起复习功课、讨论学习内容，还陪伴孩子参与学校的各种活动，如运动会、文艺比赛等。这种陪伴不仅增强了亲子关系，也让孩子在快乐中成长。

家长与学校同心协力，共同为孩子的成长助力。他们积极向学校反馈自己的意见和建议，帮助学校改进教育教学工作，提高教育质量。同时，他们也理解并赞同学校的各项决策和规定，积极支持学校的工作，为孩子创造一个良好的学习和成长环境。

我们的家长还具备高尚的审美情趣和合理、科学的教育理念。他们鼓励孩子追求梦想和兴趣，支持孩子参加各种课外活动和社会实践，培养孩子的综合素质和能力。他们以身作则，为孩子树立积极向上、勤奋好学的榜样，引导孩子形成正确的价值观和人生观。

可见，我们的家长逐渐成为孩子们成长道路上的重要伙伴和支持者。他们通过积极参与学校活动、了解学校文化和教育理念、有效陪伴孩子成长等方式，与学校共同为孩子的成长和发展提供了有力的支持。

第二节 学校海洋文化特色建设的反思与未来展望

浩瀚无垠的蓝色海洋中,蕴藏着无尽的奥秘与可能。广州市海珠区新港中路小学正是这片广阔海域中一艘扬帆起航的航船,承载着对海洋文化的热爱与追求,踏上了探索海洋、传承文化、培养未来海洋人才的征途。我们坚信,通过不断地努力和探索,新港中路小学将成为海洋文化教育的璀璨明珠,引领学生们在知识的海洋中畅游,培育出具有海洋情怀、创新精神和实践能力的未来栋梁之才。让我们并肩同行,扬帆起航,继续在这段波澜壮阔、挑战与机遇并存的海洋文化之旅中前行。

一、学校海洋文化特色建设的反思

在深入探讨学校海洋文化办学的实践时,我们不禁要从多个维度审视其当前面临的问题与挑战。从海洋文化的融入与实施角度出发,我们需要细致地分析学校在教育资源整合、教师海洋文化素养培养、学生兴趣激发与参与度提升以及家校合作机制构建等方面所存在的不足与局限。这些问题的存在,无疑为学校进一步推动海洋文化教育带来了挑战,同时也为我们指明了未来努力的方向和需要攻克的难关。

(一)存在的问题

教育资源整合不足:尽管学校已经开展了一些与海洋文化相关的教育活动,但在资源整合方面还存在不足。这包括海洋文化教材的编写、海洋文化课程的设置、海洋文化实践活动的开展等方面,尚未形成系统性和连贯性的海洋文化教育体系。

教师海洋文化素养有待进一步提高:尽管教师们的课程意识有所提升,但由于专业限制等多种原因,其海洋文化素养提升仍然面临挑战。部分教师对海洋文化的了解不够深入,缺乏相关的专业知识和实践经验,这在一定程度上影响了海洋文化教育的质量和效果。

学生海洋文化兴趣与参与度不高:由于海洋文化教育在学校教育中尚未形成主流,部分学生对海洋文化的兴趣和参与度不高。这可能与海洋文化教育的宣传不够、学生缺乏实践机会等因素有关。

家校合作在海洋文化教育方面尚需进一步加强:家校合作在海洋文化教育方面尚未形成强而有效的机制。部分家长对海洋文化教育了解不足,缺乏参与学校海洋文化教育活动的积极性,这在一定程度上影响了海洋文化教育的推进。

(二) 面临的挑战

教育资源配置与海洋文化教育需求不匹配:随着海洋文化教育的发展,学校需要更多的教育资源来支持海洋文化教育的开展。然而,目前教育资源的配置与海洋文化教育需求之间存在不匹配的问题,这限制了海洋文化教育的深入发展。

教育评价体系与海洋文化教育目标不相符:传统的教育评价体系主要关注学生的学科成绩和升学率,而海洋文化教育更注重学生的综合素质和创新能力。因此,如何在教育评价体系中更好地体现海洋文化教育的目标,是一个需要思考的问题。

海洋文化教育与社会需求的衔接问题:海洋文化教育不仅要满足学生的个人发展需求,还要与社会需求相衔接。然而,目前海洋文化教育与社会需求之间还存在一定的差距,如何更好地满足社会需求,推动海洋文化教育的发展,是一个需要解决的问题。

综上,我校在海洋文化办学方面还存在一些明显的问题,并面临部分挑战。为了推动海洋文化教育的深入发展,学校需要加强资源整合,提高教师海洋文化素养,激发和提高学生海洋文化兴趣和参与度,加强家校合作。同时,学校还需要关注教育资源配置、教育评价体系以及海洋文化教育与社会需求的衔接等问题。

二、学校海洋文化特色建设未来的努力方向

(一) 深化海洋文化·容通教育课程与教学实践

我校将致力于进一步开发和优化海洋文化教育课程,确保课程内容既科学严谨又富有吸引力,引入最新的海洋科研成果和实例,使课程内容更加贴近现实,激发学生的学习热情。同时,学校将开展多样化的海洋文化教育实践活动,如海洋科学探索、海洋生态保护、模拟海洋航行等,让学生在实践中深刻地感受海洋的奥秘与魅力。

(二) 加强师资队伍建设

教师是学校教育的中坚力量。我校将采取一系列措施加强师资队伍建设,包括定期组织教师参加海洋文化教育专题培训,邀请海洋领域的专家学者来校指导,鼓励教师参与海洋文化教育研究项目等。我校将通过这些措施,提高教师的专业素养和教学能力,打造一支具有深厚海洋文化底蕴的教师队伍。

(三) 拓展海洋文化·容通教育合作与交流

我校将积极寻求与其他学校、海洋科研机构、海洋产业企业的合作机会,共同开展海洋文化教育项目,实现资源共享、优势互补。我校计划通过校际合作,引进其他学校成功的海洋文化教育模式和教学资源;通过与科研机构和企业合作,了解海洋领域的最新动态和技术成果,为学生提供更加前沿的学习体验。此外,学校还将加强与国际海洋文化教育的交流与合作,拓宽学生的国际视野。

(四) 完善海洋文化·容通教育评价体系

我校将建立与海洋文化·容通教育目标相符的评价体系,注重学生的综合素质和创新能力评价。除了传统的学科知识评价外,

还将引入实践能力评价、项目式学习评价等多元化评价方式，全面反映学生的海洋文化学习成果。同时，学校将鼓励学生进行自我评价和同伴评价，培养学生的自我反思和团队协作能力。

（五）加强家校社合作

我校将积极与家长和社区合作，共同推进海洋文化教育工作，通过定期举办家长会、家长学校等活动，向家长宣传海洋文化教育的重要性和意义，争取家长的支持和参与。同时，学校将与社区合作开展海洋文化教育活动，如海洋知识讲座、海洋环保行动等，让更多的人了解海洋、关注海洋。

三、学校海洋文化特色建设的发展愿景

（一）成为海洋文化教育的引领者与旗舰学校

我校矢志不渝地追求在海洋文化教育领域的卓越成绩，旨在通过深度的理论探索与实践创新，树立行业标杆，创造一种既深植本土又面向国际的、具有鲜明特色的海洋文化教育模式。我们计划通过举办海洋文化教育论坛、研讨会，以及与国内外知名海洋研究机构进行合作，不断交流、吸收先进理念与成功经验，从而引领地区乃至全国海洋文化教育的发展方向，成为该领域的领航者与旗舰学校。

（二）培育具有深厚海洋情怀与全球视野的未来人才

我校深知海洋对于国家发展的重要性，因此，将海洋文化教育深度融入课程体系，不仅注重知识的传授，更强调情感的培养与价值观的塑造。我们未来将继续通过开展海洋科学、海洋历史、海洋法律等多元化课程，以及组织海洋探险、科研实习、国际交流等实践活动，不断增强学生的海洋意识、海洋素养、创新思维及全球视野，使他们成为既热爱海洋又具备国际竞争力的未来人才，为海洋产业的蓬勃发展与国家海洋战略的深入实施贡献智慧与力量。

(三) 构建全方位、多层次的海洋文化教育生态系统

我们认识到，海洋文化教育的成功实施需要社会各界的共同参与和支持。因此，我校将积极构建以学校为核心，紧密连接家庭、社区乃至更广泛社会资源的海洋文化教育生态系统。通过家校合作、社区联动、企业合作等多种形式，整合海洋文化资源，开展丰富多彩的海洋文化活动，为学生提供一个全方位、多角度、深层次的海洋文化教育环境，让海洋文化真正渗透到学生的学习与生活中。

(四) 推动海洋文化的传承、创新与国际化交流

在尊重与保护传统海洋文化的基础上，我校鼓励学生进行海洋文化的创新性探索与实践，如开发具有地方特色的海洋文化创意产品、参与国际海洋文化交流项目、开展海洋科技小发明等，以此激发学生的创造力，提高学生的实践能力，为海洋文化的传承与发展注入新鲜血液。同时，我校将通过加强与国际海洋文化机构的合作，例如举办国际海洋文化节、海外研学等活动，促进不同文化背景下的海洋文化交流与融合，提升我校海洋文化教育的国际影响力，共同推动全球海洋文化的繁荣发展。

(五) 融合现代科技，打造智慧海洋文化教育平台

随着信息技术的飞速发展，我校将充分利用大数据、人工智能、虚拟现实（VR）、增强现实（AR）等现代科技手段，打造智慧海洋文化教育平台。这一平台将集教学资源、互动体验、在线学习社区于一体，为学生提供沉浸式、个性化的学习体验。例如，学校利用VR技术模拟深海探险，让学生身临其境地感受海洋的奥秘；利用AI技术制订个性化学习计划，满足不同学生的学习需求；建立海洋文化教育数据库，收集全球海洋文化资源，为师生提供丰富的研究素材和教学案例。这将极大地拓宽海洋文化教育的范围，使学习更加高效、有趣，并促进海洋知识在师生间的普及与传播。

(六) 强化科研与实践结合,推动海洋文化教育深度发展

我校将进一步增加海洋科学研究的投入,鼓励师生参与海洋科研项目,特别是那些与海洋生态保护、海洋资源开发、海洋灾害预警等紧密相关的前沿课题。同时,我校将丰富海洋文化教育实践基地建设内容,如海洋生态保护区、海洋科技馆、海上实训基地等,为学生提供实地考察、实验操作、项目研究的机会。科研与实践的紧密结合,不仅能够提升学生的实践能力和对科研的兴趣,还能促进海洋文化教育内容的不断更新与深化,为培养具有创新精神和实践能力的海洋人才奠定坚实基础。

(七) 倡导绿色海洋理念,培养可持续发展意识

面对全球海洋环境日益恶化的挑战,我校将海洋文化教育与环保教育相结合,积极倡导绿色海洋理念,通过开设海洋生态保护课程、组织海洋环保志愿服务活动、推广海洋可持续利用知识等方式,增强学生的环保意识和社会责任感。同时,学校鼓励师生参与海洋环保科研项目,如海洋污染监测、海洋生物多样性保护等,为海洋环境的可持续发展贡献力量。通过这些举措,我们旨在培养出一批具有绿色海洋理念、能够积极参与海洋生态保护与治理的未来公民。

(八) 加强国际合作,共建海洋文化教育命运共同体

在全球化的背景下,我校将进一步加强与国际海洋文化教育机构的合作与交流,共同构建海洋文化教育命运共同体,通过参与国际海洋教育合作项目、举办国际海洋文化教育论坛、与国外高校互派师生进行学术交流等方式,促进我校与不同国家和地区之间的海洋文化教育资源共享、经验交流和人才流动。同时,我校将积极推广我国的海洋文化教育成果和经验,提升我国在国际海洋文化教育领域的话语权和影响力,为推动全球海洋文化的繁荣发展贡献中国智慧和力量。

后　记

随着本书的收尾，我的思绪如同海浪般翻涌不息，仿佛与新港中路小学在海洋文化教育领域的探索与实践紧密交织，共同经历了一场波澜壮阔的"蓝色旅程"。回望这段历程，新港中路小学从对海洋文化的理解与定位，到逐步构建起海洋文化特色教育体系并不断加以完善，再到将海洋文化全方位渗透于学校环境创设、德育实践、管理创新以及课程体系构建等多个层面，每一步都凝聚着全体师生的智慧与汗水。这不仅是一个教育体系的建立，更是一场教育理念的革新与实践的飞跃。

在新港中路小学，海洋文化特色办学实践已经超越了简单的知识传授与技能培养，它升华为一股深刻而持久的精神滋养，深深植根于每位师生的心田。这股精神力量，蕴含着"有容乃大"的包容精神与"四通八达"的开放视野，它不仅赋予了我们博大的胸怀与远大的志向，更让我们拥有了心容万物、志在四方的力量与勇气。这股文化力量，如同海洋一般深邃而广阔，滋养着每一位教师和学生的心灵，让我们在成长的道路上更加坚韧不拔，勇往直前。我有幸见证了这股文化力量的成长与壮大。它如同春风化雨，悄无声息地渗透并融入学校的每一个角落，铸就了新港中路小学独特的文化品牌，使其在教育领域展现出与众不同的教育特色与非凡魅力。

同时，我也意识到，本书的出版并非终点，而是一个新的起点。在总结过去经验与成果的同时，我们也清醒地认识到自身的不足与局限。海洋文化的实践之路既漫长又充满挑战，它要求我们不断深化对海洋文化教育的实践探索，强化师资队伍的建设，积极拓展海洋文化教育的平台，加强家校社的合作与交流，并持续进行评估与改进，力求在各个方面实现突破与创新。因此，本书的出版既是对我们过去努力的认可与肯定,也是对未来发展的期许与展望。新港中路小学将继续秉承"心港有容,志通四海"的办学理念,以更加开放的姿态拥抱世界,以更加坚定的步伐迈向未来,努力将海洋文化教育的种子播撒到更广阔的土地上,让它在教育的沃土上生根发芽、茁壮成长。我相信,在全体师生的共同努力下,新港中路小学的海洋文化之花定会绽放得更加绚丽多彩。

最后,愿本书能够成为连接过去与未来的桥梁,不仅触发广大教育工作者对海洋文化教育的深切关注与深度思考,而且激励我们并肩同行、携手共进,共同推进这一领域的蓬勃发展。让我们以更加饱满的热情、更加坚定的信念,向着更加辽阔无垠的海洋扬帆启航,共同开创海洋文化教育的新篇章。

钟陈辉